KB123652

아랍의 봄 이후
정치지형과
법제도의 변화

한국외국어대학교 중동연구소 인문사회연구 총서 1

아랍의 봄 이후 정치지형과 법제도의 변화

초판 1쇄 인쇄 2022년 8월 23일
초판 1쇄 발행 2022년 8월 30일

—

엮은이 백승훈
지은이 백승훈·이효분·황의현·오승진·조정현·권영실
펴낸이 이방원
편 집 송원빈·김명희·안효희·정조연·정우경·박은창
디자인 양혜진·손경화·박혜옥   **마케팅** 최성수·김 준·조성규

—

펴낸곳 세창출판사
      신고번호 제1990-000013호 주소 03736 서울시 서대문구 경기대로 58 경기빌딩 602호
      전화 02-723-8660 팩스 02-720-4579 이메일 edit@sechangpub.co.kr 홈페이지 http://www.sechangpub.co.kr
      블로그 blog.naver.com/scpc1992 페이스북 fb.me/Sechangofficial 인스타그램 @sechang_official

—

ISBN 979-11-6684-141-5 93300

이 저서는 2020년 대한민국 교육부와 한국연구재단의 지원을 받아 수행된 연구임(NRF-2020S1A5C2A01093123).

한국외국어대학교
중동연구소
인문사회연구 총서 1

아랍의 봄 이후
정치지형과
법제도의 변화

백승훈 · 이효분 · 황의현 · 오승진 · 조정현 · 권영실 **지음**
백승훈 **엮음**

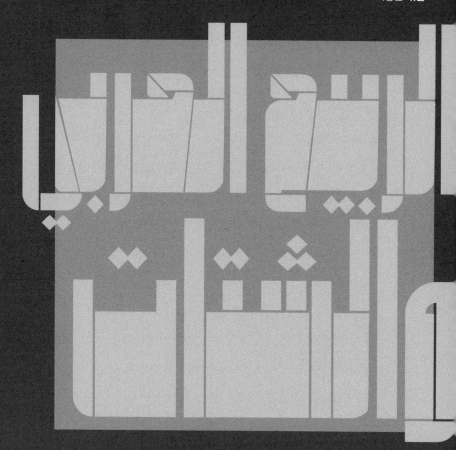

세창출판사

끝나지 않은, 혹은 시작도 못 한 아랍의 봄

12년 전인 2010년, 중동 아랍 지역에서는 오랫동안 집권하던 권위주의 체제에 대항한 시민 봉기가 동시다발적으로 일어났다. 중동 아랍 지역 국가의 여러 거시적 경제지표는 나쁘지 않았으나 결국 권위주의 체제의 부패, 정실정치 그리고 관치경제의 폐해가 빈부격차의 심화를 야기했고 이는 결국 혁명으로 이어졌다. 10여 년이 지난 지금 혁명의 동인이 되었던 '변화에 대한 갈망'은 점차 사라진 반면, 혁명의 주요 원인이 되었던 여러 문제는 해결되지 않은 채 중동 아랍 국가 내에 아직까지 존재하고 있다.

기존의 권위주의 체제가 무너졌으나 권력공백을 틈타 들어선 새로운 권위주의 체제는 혼란스러운 상황을 기회로 삼아 더욱 굳건해졌고, 시민혁명에 의해 시작된 국제 분쟁 및 전쟁은 수많은 사상자와 수백만 명의 난민을 발생시켰다. 아울러 이때 등장한 극단 폭력주의violent extremism 세력의 발호는 이라크와 시리아의 이슬람 국가Islamic State of Iraq and the Levant, ISIL 설립과 2021년 8월 아프가니스탄의 탈레반 집권 2.0인 이슬람 군주국 건국으로 이어졌다.

이라크, 시리아, 리비아 등의 중동 아랍 국가는 물론 아프가니스탄 국민들까지 자신들의 고향에서 내쫓겨 난민이 되었고 전통적인 난민 기착지였던 유럽을 넘어 뿔뿔이 흩어지기 시작했다. 급기야 제주 예멘 사태 및 아프가니스탄 특별귀화 조치 등에서 보듯 지리적으로 먼 동아시아 국가인 우리나라까지 중동 국가의 격동으로 인한 민족이산의 영향을 받게 되었다.

2010년 시민 봉기의 시발점이었던 튀니지만이, 10여 년이 지난 현재까지 시민 봉기 목적의 일부분을 달성했다. 23년간 독재 정권을 이끈 자인 엘아비딘 벤 알리Zine el-Abidine Ben Ali 대통령을 하야시킨 뒤, 정당정치 체제를 확립하였고, 튀니지의 시민 봉기가 2011년 1월 25일 이집트 타흐리르 광장의 대규모 시민 봉기와 30년간 집권하던 호스니 무바라크Hosni Mubarak의 퇴진으로 이어지자 전 세계 언론과 학계는 중동에서 확산하는 시민 봉기 현상을 '아랍의 봄'으로 섣불리 규정하였다.

2022년 현재를 기점으로 말하자면 아랍의 봄은 실패로 돌아갔다. 혹자는 '아랍의 봄'을 일장춘몽으로 끝났던 '프라하의 봄'과 등치하기도 한다. 중동 아랍 국가에서의 대의 민주주의와 정당

정치의 확립은 무위로 돌아가고 부패한 권위주의 정권의 축출은 또 다른 권위주의 체제로 대체되었다.

브루킹스 연구소의 타리크 M. 유세프Tarik M. Yousef는 아랍의 봄 이후 10년을 '잃어버린 10년'이라 주장한다. 그는 리비아의 독재자 무아마르 카다피Muammar Gaddafi의 사망과 그의 독재 정권 몰락은 결국 또 다른 공포와 폭력 그리고 무질서를 남겼다고 이야기한다. 30년 군부독재자 무바라크 축출에 성공했던 이집트의 아랍의 봄 역시 무슬림 형제단의 퇴출, 노조 활동의 금지, 그리고 한층 공고해진 군부지대추구 체제로 귀결되었다.

중동 전역에서 시민 봉기를 촉발한 아랍의 봄 현상은 시민 봉기의 주요 원인이었던 빈부격차, 기득권층의 부패, 높은 실업률, 낮은 노동생산성 등의 문제를 해결하지도, 이를 해결할 수 있는 새로운 지도계층을 확립하는 데도 실패하였다.

물론 아직까지 아랍의 봄을 실패라 규정하기에는 이른 감이 있다. 아랍의 봄의 여파는 아직도 계속되고 있으며, 종국에 어떤 결과물을 낳을지는 쉬이 예측이 어렵기 때문이다. 2019년 알제리와 수단에서는 오랜 기간 독재통치를 하였던 집권 세력이 무너졌으며, 이라크와 레바논에서는 정치개혁 및 국가변혁을 위한 시민투쟁이 지속적으로 일어나고 있다. 2020년 코로나19 대유행 이후 잦아들긴 하였으나 이라크와 레바논의 시민의 정치 참여와 저항은 제2의 아랍의 봄으로 평가되기도 했다. 그러나 2010년 전 세계를 흔들었던 아랍의 봄 시민 봉기의 동력은 현재 거의 소멸되었다.

아랍의 봄은 일단락되었으나 아랍 시민들은 자신들이 시작한 봉기의 원인을 해결하지 못했다. 그나마 정치 체제 및 대의 민주주의 측면에서 소기의 성과를 거둔 튀니지는 현재에도 높은 실업률로 빈부격차 및 계층갈등이 지속되고 있으며 새롭게 바뀐 민주 정권하에서도 가난에 지친 시민들의 봉기는 계속해서 튀니지 사회를 흔들고 있다.

영국 런던 소재 채텀하우스 연구소 리나 카팁Lina Khatib은 아랍의 봄 이후 독재 정권이 무너졌지만 다수의 중동 아랍 국가가 실패국가failing state가 되었음을 지적한다. 아랍의 봄은 중동 아랍 국가가 가지고 있던 문제점을 적나라하게 드러내고 시민들이 직접 주체가 되어 분노를 표출하는 경험을 제공한 역사적인 사건이지만, 그 문제점이 더욱더 심화한다는 것을 실감케 한 사건이기도 했다.

급격한 인구 증가

중동 아랍 국가들은 아랍의 봄 이후 최근 10년간 세계에서 가장 청년 실업률이 증가한 국가들이다. 북아프리카, 레반트, 걸프 산유국은 최근 10년간 7,000만 명의 인구가 늘었다. 세계은행 통계에 따르면 2030년까지 중동 아랍 지역의 인구는 2010년 대비 1,200만 명이 더 늘어날 것이라 전망하고 있다. 그러나 중동·북아프리카Middle East and North Africa, MENA 지역의 일자리는 인구증가 속도를 따라가지 못하고 있다. 특히 청년 실업률은 아랍의 봄 이후 계속 악화하고 있다. 국제노동기구International Labor Organization, ILO에 따르면 2012년 MENA 지역의 청년 실업률은 32.9%로 이미 최악의 수준이었으나 2020년에는 36.5%로 3.6%p 더 높아졌다.

MENA 지역 경제에서 민간 부문이 차지하는 비중은 아직도 낮으며, 국영기업의 시장지배도는 압도적으로 높다. 관치금융 및 시장과 정부관료의 유착관계는 여전히 강하며, 해외직접투자는 높은 진입장벽과 높은 정치적 위험 때문에 MENA 지역 시장의 잠재력에 비해 아직도 낮은 수준이다.

결국 급격한 인구증가에 따른 실업률 관리를 공공 부문이 전적으로 떠맡아야 하는 구조인데 이마저도 아랍의 봄 이후의 급격한 인구증가 속도를 따라가지 못하여 무너진 상황이다. 미국 미네소타 대학의 라기 아사드Ragui Assaad 교수에 따르면, 이집트의 경우 1970년대까지만 하더라도 대학을 졸업한 남성의 70%가 정부 공무원으로 임용될 수 있었으나 2016년에는 대학을 졸업한 남성 중 25%만이 공무원으로 임용되었다고 한다.

아랍의 봄으로 인해 성공적인 정권 교체와 민주화에 어느 정도 성공한 튀니지조차 2010년 시민 봉기 발발 시점의 실업률은 13.6%에서 2021년 18.5%로 약 5%p 증가하였다. 이는 물론 코로나19로 인한 경제 침체를 감안해야 하는 수치지만 아랍의 봄의 가장 성공적인 예라 불리는 튀니지마저 급격히 늘어나는 인구증가에 제대로 대처하지 못하고 있음을 의미한다. 이는 곧 아랍 세계에서 민주화가 진전되더라도 이주와 노동력 이동의 증가는 피할 수 없다는 것을 의미한다. 즉, 권위주의 체제가 이주민 증가의 근본 원인이 아니라는 것이다.

급격한 빈곤층 증가

1960년대만 하더라도 이집트 경제규모는 대한민국의 경제규모와 비슷하였다. 그러나 2022년 현재 한국의 경제규모는 이집트의 4배에 달한다. 1970년대 석유파동 이후 걸프 산유국들은 서구 선진국에 못지않은 물질적 풍요를 누렸다. 그러나 2010년 아랍의 봄 이후 지속된 저유가와 전 세계적인 녹색성장 및 탄소중립 움직임으로 인해 해외직접투자가 감소하고 실업률이 증가하는 추세에 있다.

2020년 코로나19 이전 국제통화기금International Moneitory Fund,

IMF은 코로나19의 영향으로 2020년 전 세계 경제성장률이 4.1% 하락했다고 밝혔다. IMF의 통계에 따르면 MENA 지역은 그 2배인 9.5% 하락했다. 특히 그중 레바논은 19.2% 하락을 기록했는데 이는 2012년 석유를 포함하는 경제제재가 가해졌을 때 당시 이란의 경제성장률이 12% 하락한 것보다 더 떨어진 수치다.

리비아, 시리아, 이라크, 이집트, 튀니지 등 아랍의 봄 이후 지속적으로 저하한 노동생산성과 높은 실업률은 급격한 빈곤층의 증가를 불러일으켰다. 2019년 ISIL의 붕괴로 어느 정도 안정을 되찾았지만 상당수의 극빈층은 새로운 희망을 찾기 위해 이라크와 시리아의 가짜 이슬람 공동체로 이주하기 시작했다.

ISIL은 패퇴했지만 이라크 사회 내 구성원들의 불만은 여전하다. 아랍의 봄은 이라크 내 ISIL 건국, 쉬아-순니 종파갈등, 그리고 아랍-쿠르드 인종갈등을 불러일으켰으며, 그 결과 많은 난민과 사상자를 낳았다. 브루킹스 연구소 샤디 하미드Shadi Hamid 박사의 말처럼, 아랍의 봄은 아무것도 진전되지 못한 상태로 아랍 각국이 지니고 있던 문제에 직면하게 되었다.

권위주의 체제의 강화

미 오바마 행정부의 국무부 중동 차관보였던 타마라 C. 비테스Tamara C. Wittes는 아랍의 봄을 통해 비록 그것이 미봉책일지라도, 사회 안정화 측면에서 중동 아랍 국가가 직면한 문제들을 가장 효율적으로 다룬 체제가 권위주의 정권이었음을 인정하였다.

애석하게도 아랍의 봄 이후 민주적인 방식으로 정권 창출에 성공한 무슬림 형제단의 무함마드 무르시Mohamed Morsi 대통령은 사회 혼란에 대처하지 못하고 국가 안정화에 실패하여 군부 쿠데타에 의해 축출되었다. 이후 정권을 잡은 4성 장군 출신의 압델 파타 엘시시Abdel Fattah el-Sisi 대통령은 전임 군부독재 대통령인 무바라크보다 더 강력하게 시민 세력을 억압하고 있다. 무바라크의 마지막 임기였던 2005-2011년 감옥에 투옥되었던 정치범의 수는 8,000명이었던 반면, 2013년 집권한 엘시시 정부는 총 6만 명의 반정부 인사를 정치범으로 투옥했다. 이는 엘시시의 군부 세력의 통치가 국민의 민주화 열망에 부응하지 못하고 오히려 시대에 역행하고 있다는 사실을 분명하게 보여 준다.

2010년 아랍의 봄 발발 당시 8%였던 실업률은 무르시 치하에서 13%로 증가하였다. 엘시시 정권이 들어서면서 상황이 호전되긴 하였으나 여전히 실업률은 11%를 상회한다. 이집트의 경제지표는 좀처럼 개선되지 않고 있다. 그럼에도 이집트 시민사회는 더 이상 저항할 수 있는 동력을 가지고 있지 않다. 2013년 쿠데타로 정권 창출에 성공한 엘시시 정권은 군부와 결탁하여 군부지대추구 체제를 구축했다. 그 결과 이집트는 무바라크 시절

보다 강력해진 엘시시 권위주의 체제에 의해 철저히 통제되고 있다.

걸프 왕정국가들은 아랍의 봄 이후 아랍 공화국들의 실패를 반면교사 삼아 여성인권 강화, 이슬람주의 세력 통제 그리고 산업 다각화 등으로 구체화되는 국가개조 정책을 적극적으로 펼쳤으며 그 결과, 자신들의 왕권강화에 성공하였다. 사우디아라비아의 경우 형제간의 왕위 계승 전통을 타파하고 부자간 세습을 확립했다. 그리하여 무함마드 빈 살만Mohammed Bin Salman 왕세제의 수다이리 가문 중심의 통치 체제가 완성되었다. 아랍에미리트의 경우도 도시국가의 장점을 십분 활용하여 괄목할 만한 성과를 일궈 내고 그 토대 위에 각 토후국emirate 통치자의 리더십을 강화하였다.

아랍의 봄은 발발 초기, 오랜 세월 중동 아랍 지역에서 '아랍 예외주의Arab exceptionalism'라 불리던 권위주의 체제의 신화를 타파한 사건이었다. 그러나 시간이 흐를수록 중동 아랍 국가들은 권위주의 체제로 회귀하거나 오히려 개악되었다. 갈지자 행보의 아랍 민주주의는 지역학 연구자는 물론, 정치, 경제, 문화 등 각 분야 전공자들의 관심을 끌고 있다.

아랍의 봄은 현재진행형이다. 아랍 시민 봉기를 추동한 요인들은 해결되기는커녕 오히려 악화했다. 중동 아랍 국가의 민족 이산과 이주 형태 역시 지속적으로 변모 중이다. 아랍 시민 봉기가 발발한 지 10여 년의 시간이 지났다. 그러나 끝나지 않은, 혹은 시작도 못 한 아랍의 봄은 현재에도 중동 지역은 물론, 머나먼 대한민국에까지 영향을 끼치고 있다. 이 인류사적 사건을 이해하고자 각기 다른 분과 학문, 정치, 사회, 법학자들이 모여『아랍의 봄 이후 정치지형과 법제도의 변화』를 준비하였다.

백승훈은 1장에서 아랍의 봄 이후 10년 동안의 MENA 지역 국가에 일어난 변화를 추적하고 그 함의에 대해 고찰한다. 아랍의 봄이 추동한 중동 사회의 변화를 바라보는 유관 학계의 주요 관점을 조망하고 아랍의 봄 이후 대의 민주주의를 이끌어 갈 시민 세력의 부재와 자유시장경제 체제 구축의 실패가 어떠한 결과를 가져왔는지를 밝힌다. 또한 MENA 지역 경제 체제의 고질적 문제점인 석유 자본주의 및 지대추구 체제가 국가 의존적 사회복지 제도와 어떻게 상호작용하며 민주주의를 약화하는지 설명한다.

이효분은 2장「아랍의 봄의 명암: 아랍 난민을 중심으로」를 통해 아랍의 봄 이후의 잠재적 사회갈등 요인을 분석한다. 리비아, 시리아, 예멘, 이라크, 이집트, 튀니지 등지에서 일어난 사회갈등을 종합적으로 조망하고 그에 대한 국제 사회의 대응을 바탕으로 대한민국의 정책적 함의를 제시한다.

황의현은 3장에서 아랍의 봄 이후 한층 첨예해진 순니-쉬아의 종파갈등을 다룬다. 아랍의 봄 이후 강화된 정체성 정치identity politics의 틀 안에서 정권의 정통성을 강화하는 도구로 사용되는 반순니, 반쉬아 담론을 분석하고, 의도적으로 만들어진 종파갈등의 상호작용을 분석하였다. 이를 통해 아랍의 봄 이후 MENA 지역 사회갈등의 주요 변수 중 하나인 이슬람 종파에 관한 이해를 돕는다.

앞선 장들이 MENA 지역 국가 내에서 아랍의 봄이 추동한 다양한 역학과 현상을 분석하였다면 4장과 5장은 국제법을 바탕으로 아랍의 봄이 추동한 민족이산과 난민을 어떻게 이해해야 하는지를 다룬다. 오승진은 「난민지위협약과 중동 난민」을 통해 난민의 정의와 개념을 정리하고 유럽 국가들이 아랍의 봄으로 발생한 아랍인의 집단 이산을 어떻게 다루고 있는지 분석한다. 이 연구는 유럽의 사례를 통해 국제난민법의 허점과 미흡한 법적 장치의 문제점을 지적하고 나아가 난민 문제 해결을 위한 대안 모색을 시도한다.

조정현은 5장에서 우리 사회를 충격에 빠뜨렸던 예멘 난민 유입 사태를 아프가니스탄 난민과 탈북자 수용 사례와 비교함으로써 한국 정부의 난민 정책 및 이주민 수용 정책을 분석한다. 국제적으로 적용 범위가 협소한 '협약난민'을 뛰어넘어 다양한 실향민들의 일시적 보호 제공까지 고려해야 하는 우리나라의 상황을 설명하고, 더 나아가 중장기적인 난민 및 이주민 정책의 필요성을 역설하였다.

6장은 사례연구로서 대규모 예멘 난민 입국 사태 때 드러난 우리나라의 난민심사 제도의 문제점을 다룬다. 권영실은 허위난민 면접조서 사건을 통해 드러난 난민심사 제도의 맹점과 시스템의 미비점을 분석하였다. 예멘 난민 사태로 인해 제기된 우리 정부의 난민심사 절차의 신뢰성 문제 해결은 물론 난민법 취지에 맞는 법 집행을 위해 필요한 정책 방안을 제시한다.

　본 총서는 아랍의 봄이 추동한 중동 아랍 국가의 정치 체제 변화는 물론, 이로 인해 발생하는 민족이산의 형태(노동이주, 이민, 난민 등)와 수용국 및 국제 사회의 법제도 변화를 다룬다. 본 총서가 향후 발간될 인문사회연구소지원사업 "아랍의 봄과 이산(離散): 갈등·화합·공존" 연구의 단단한 디딤돌이 되기를 기대한다.

2022년 8월

중동연구소

백승훈

차례

일러두기

1. '터키'는 2022년 6월 공식적인 국명을 '튀르키예'로 변경함에 따라 본고에서도 '튀르키예'로 적었다.
2. 본고는 한글맞춤법-외래어표기법을 따랐으나, 쉬아/순니/압바스/무함마드 등 특정 용어는 현지 발음과의 유사성을 고려하여 별도의 표기 방식을 채택했다.
3. 같은 단어일지라도 저자에 따라 고유의 표기법을 따른 경우가 있다. 예) 아시리아/앗시리아

1장

아랍의 봄 이후 10년, 그리고 구조적 변화

백승훈
한국외국어대학교

아랍의 봄 이후 10년, 그리고 구조적 변화

1. 서론

2010년 12월 17일 튀니지의 시디부지드시에서 야채상을 하던 무함마드 부아지지Muhammad Bouazizi가 산화하자 중동·북아프리카Middle East and North Africa, MENA 전역에 아랍 시민 봉기가 들불처럼 번졌다. '아랍의 봄'이라 명명된 시민 봉기가 연이어 일어나자 이것이 향후 역내 국가 및 정치 체제에 어떠한 변화를 야기할지에 관하여 학계에서는 열띤 논의가 펼쳐졌고 크게 3개의 학자군으로 정리되었다.

우선, 시민 봉기에 의한 기존 기득권층의 붕괴 초기에는 MENA 지역 국가들 안의 시민사회 확장과 강화를 가져올 것이라는 의견이 다수였다. 자연스럽게 이러한 사회적 변화는 민주주의 체제 확립으로 이어질 것이라고 분석되었고 ─'프라하의 봄' 때와 유사하게, 이슬람 국가Islamic State of Iraq and the Levant, ISIL의 도래, 권위주의 정권 회기로 인해 그 기간은 짧았으나─ 한때 아랍 시민 봉기는 '아랍의 봄'이라 명명되었다(Goodwin 2011;

Dabashi 2012; Khondker 2011).

다른 학자 그룹은 아랍의 봄, 중동 국가에서 일어난 시민 봉기가 오히려 사회안정 및 국가안보 측면에서 오히려 권위주의 체제를 강화할 것이라고 주장하였다. 스테판Alfred Stepan과 린츠Juan J. Linz는 아랍의 봄으로 인해 정권을 잡은 정치 이슬람 세력 혹은 하이브리드형 민주주의 정체들이 오히려 권위주의적 통치에 선호도를 보이고 있음을 지적하며 아랍 시민 봉기가 서구가 원하는 방향으로 진화되기 어려울 것임을 주장하였다(Stepan & Linz 2013). 노이드Lin Noueihed와 워렌Alex Warren 역시 정치 이슬람, 분파갈등, 부족갈등 그리고 계급갈등으로 인해 민주주의 정치 제제가 확립되기 어려울 것임을 전망했다(Noueihed & Warren 2012). 오랜 기간 억눌렸던 중동 지역 시민들의 분노가 아랍의 봄이라는 물리적인 힘으로 응축되어 혁명을 이루어 냈지만 기존의 권력이나 시스템을 안정화시킬 수권 역량이 부족했음은 분명한 사실이었다. 웨이랜드Kurt Weyland 역시 이 부분에 집중하여 1848년 일어난 프랑스 2월 혁명이 유럽 전역에 확산돼 자유주의 혁명이 모순적으로 자유주의와 민주주의를 어떻게 저해하였는지를 분석하였다(Weyland 2012).

세 번째 그룹은 '아랍의 봄' 현상이 민주주의 확산과 확립을 가져올 것인지, 아니면 민주주의 후퇴와 권위주의 체제 강화를 도울 것인지에만 천착하지 않고 아랍의 시민 봉기가 야기할 사회적 변화에 집중하였다. 이들은 '아랍의 봄' 이후의 사회변동과 권력투쟁의 역학에 관한 연구에 몰두하였는데, 기존 체제에서 억눌려 있던 노동조합, 정당정치, 청년세대 그리고 시민단체가 향후 MENA 지역 정치 및 사회에서 어떠한 영향력을 행사하고 조직화할 수 있을지, 또 그들이 민주주의 강화에 이바지할지, 아니면 자신들이 기득권화될지에 더 관심을 두었다(Hamid 2014; Karshenas et al. 2014). 애석하게도 이러한 사회적 변동의 함의에 관한 연구들은 서방 국가의 미디어나 정치 세력에게는 크게 각광받지 못했다. 결과적으로 아랍 시민 봉기로 인해 보다 조직화된 시민사회 집단이 향후 MENA 지역에 어떠한 결과를 가져올지에 관한 서사나 담론들조차도 잘 형성되지 못하였고, 튀니지, 이집트 등 성공적으로 독재정권을 축출한 국가들에서조차 공론의 장에서 그 이후에 관한 논의들은 미진하였다. 대다수의 논의는 수십 년간 집권하였던 독재정권들이 어떻게 될 것인지, 즉 민주주의의 구조적 확립보다는 기득권의 몰락 정도와 함의를 분석하는 데 집중되었다(Bellin 2012; Gause Ⅲ 2011; Haddad 2012).

아랍 시민 봉기가 가장 활발히 일어났던 이집트와 튀니지에서도 민주주의 확립에 관한 의제들은 이슈화되지 못하였다. 튀니지의 자인 엘아비딘 벤 알리Zine el-Abidine Ben Ali 정권과 이집트의 호스니 무바라크Hosni Mubarak 정권은 2010년 아랍의 봄, 시민 봉기가 일어나기 10여 년 전부터 노동자 및 식자층에서 다양한 반정부 서사와 담론들에 의해 비판받았지만, 안전 고용, 임금 인상, 다양한 산업의 민영화 반대가 주였다. 결국 이러한 기조는 아랍의 봄 이후에도 지속되었고 아랍 시민 봉기가 야기한 독재정권의 전복 이후, 어떻게 국가가 재건되어야 할지에 관한 사회적 합의는커녕 시민사회에서의 연대나 조직조차 구성되기 어려웠다.

실례로 아랍의 봄의 전조였던 2008년 튀니지 가프사 인산염 광구 노조봉기는 야채상 부아지지가 분신자살을 한 시디 부지드 시에서의 시민 봉기와 같이, 튀니지 내에서도 높은 빈곤율과 실업률, 특히 교육받은 청년층의 실업률이 높았던 지역에서 발생하였는데, 시민 봉기의 의제는 모두 민주주의 체제 확립보다는 경제에 관련한 것들이 전부였다. 이집트의 경우도 마찬가지였는데, 이집트 노조의 경우 2차 세계대전 이후 이집트 내에서 가장 큰 규모로 성장한 시민사회 세력이었다. 이집트 노조는 1998년부터 2000년 동안 3,426번의 파업을 감행한 총 250만 명의 조합원을 거느린 조직이었다. 그러나 오랜 무바라크 독재 정권하의 노조 파업에서 민주주의 의제가 대두된 적은 없었다(Beinin & Duboc 2014). 2008년 알쿠브라시에서 지역 노동자를 지지하기 위해 조직된 '4월 6일 청년운동(April 6 Youth Movement)' 정도만이 민주주의 의제인 '언론의 자유'를 주장하였다. 특히 튀니지와 이집트의 시민사회 조직과 정당은 서로 일정 정도 거리를 두었다. 또한 노조와 그 외 시민사회 조직(NGO 등) 사이에도 연대가 형성되지 않았다.

2011년 아랍의 봄 이전 파편화된 사회운동들은 그 영향력에
한계가 있을 수밖에 없었다. 결국 조직화되지 못한 시민사회 세
력은 장기 독재 정권 축출 이후 제도적 민주주의 및 신자유주의
를 주창하며 신흥 정치 세력으로 대두되었으나 아랍 시민 봉기를
이끈 대중의 요구를 충족시키기에는 그 역량이 부족할 수밖에 없
었다.

아랍 시민 봉기 기간 동안 공권력 남용 반대, 양성평등, 부패
기득권 타파, 대의 민주제 강화, 관치금융 철폐 등의 의제를 주장
하는 중산층, 청년세대, 고등교육을 마친 식자층의 시민 세력이
조직되었다. 아랍의 봄으로 인해 새로이 조직된 시민 세력과 기
존의 노동운동 세력은 일부 중첩되기는 하였으나 공산주의 정권
을 무너뜨리는 데 성공한 폴란드 레흐 바웬사Lech Wałęsa의 노조
와 시민운동의 통합 수준에 이르는 연대는 실패하였다. 결국 아
랍의 봄이라 명명된 시민 봉기는 수십 년간 장기 집권한 벤 알리,
무바라크, 카다피Muammar Gaddafi 그리고 살레Ali Abdullah Saleh 독
재 정부를 무너뜨리는 데 성공하였지만 혁명 성공 세력의 조직화
에는 실패하여 역내 불안정을 야기하고 말았다. 이는 기존의 기
득권 세력을 대체할 수권 세력의 부재를 의미하였다.

2. 신자유주의 경제 정책의 역설: 시민사회 및 자유시장경제 체제 구축의 실패

1970년대 중반부터 서방 국가들이 주축이 된 국제금융기구는 신자유주의 및 민주주의를 장려하는 방향으로 운영되었다. 존 윌리엄슨John Williamson이 워싱턴 합의Washington Concensus라 명명한 재정 균형, 무역 자유화, 조세 개혁, 시장 자본주의 및 민주주의 체제 확립이 국제 금융기구의 지원을 받는 MENA 지역 국가들, 특히 이집트, 튀니지, 모로코 그리고 요르단에게 요구되었다 (Held 2013).

2000년대 중반 국제 금융가는 튀니지와 이집트의 경제성장을 "기적" 혹은 "가장 진화하는 혁신"으로 칭송하였다(Hibou 2006; Beinin 2012). 세계은행World Bank과 국제통화기금International Monetary Fund, IMF은 튀니지와 이집트의 경제성장률에만 집중하였지 경제성장을 통해 얻어진 부의 불평등적 분배에는 크게 문제 제기를 하지 않았다. 결국 튀니지와 이집트의 시장 개방 및 무역 자유화는 기득권 세력의 정실 자본주의crony capitalism와 빈부 격차를 극대화시켰고, 해당 국가의 사회갈등과 불만의 주요 원인이 되었다. 그러나 당시 이집트와 튀니지에서 결성되던 반정부 시민 집단은 이러한 근본적인 문제에 대한 해결책 및 대안을 제시하기보다는 1960-1970년대 범아랍주의 사회주의 정책으로의 회귀를 주창하였다. 결국 독재 기득권 세력에 맞선 시민세력 역시 원칙 있는 시장주의, 민주주의로의 변혁보다 과거 영광스러웠던 시대의 회귀를 더 원했던 것이다. 이는 아랍의 봄이라 명명된 시민 봉기가 일어난 지 10여 년이 지난 지금 왜 독재 정권의 몰락이 '아랍의 겨울'로 이어질 수밖에 없었는지 보여 준다(Feldman 2020).

이집트 타흐리르 광장을 메운 시위대는 "빵! 자유! 사회 정의!"를 외쳤고 튀니지 시위대는 "일자리! 자유! 존엄!"을 외쳤다. 특히 튀니지 시위대의 슬로건은 벤 알리 독재 정권이 무너진 후 9년이 지난 2019년, 튀니지 노동조합Union Générale Tunisienne du Travail, UGTT 본부 앞 시위에서도 그대로 사용되었다. 결국, 아랍의 봄이 추동한 시민 봉기가 민주주의 가치의 실현을 위한 혁명과는 괴리가 있었음을 반증하는 것이었다. 벤 알리 정권이 축출되기까지 10년간 튀니지 실업률은 12-15%였지만 아랍의 봄이 발생한 후 2010년부터 2020년까지의 실업률은 오히려 17%로 더 늘어났고 청년 실업률, 특히 대학교육을 받은 이들의 실업률은 30% 이상으로 치솟았다. 모든 분야의 실제 임금은 아랍의 봄 이후인 2011년부터 2018년까지 1.7% 하락했으며, 코로나19 팬데믹의 영향이긴 하지만 2020년 이후 급락하였다(OECD 2020).

2016년 1월 16일, 튀니지 교육부 공무원으로 임용 대기자 명단에 있던 리다 야흐야위Ridha Yahyaoui가 자신의 임용이 취소되자 전봇대에 올라 자기를 감전시켜 스스로 목숨을 끊었다. 대학을 졸업하고 5년째 직업을 가지지 못한 28살 청년의 죽음은 또다시 열여섯 차례 시민 봉기를 야기하였다. 아랍의 봄 이후 민주주의 정치 체제와 정당정치가 가장 잘 정착되었다고 평가받던 튀니지의 상황은 아랍 시민 봉기가 서방 언론이 희망했던 아랍의 봄과는 괴리가 있음을 보여 주었다.

2018년 IMF는 튀니지에 대한 구제금융의 대가로 재정긴축을 요구하였고, 튀니지 정부는 유류세와 부동산세, 인터넷 요금, 호텔 요금을 올리는 것은 물론, 식료품 및 공산품에 대한 보조금을 감축하였다. 튀니지 사회는 즉각 반응하였고, 테브루바시에서 시민 봉기가 일어났다. 테브루바 시민 봉기는 또 다른 시민 사상자를 낳았으며 5일간 지속되었다.

벤 알리 정권의 축출 후에도 지속된 시민 봉기는 아랍의 봄 이후 대의 민주주의 체제 강화를 통해 선출된 새로운 행정부의 경제 정책 실패에 기인한 것이다. 이는 튀니지만의 문제가 아니라 오랜 독재로 인하여 MENA 지역 국가 내에 수권 능력을 지닌 건전한 시민 세력이나 정당은커녕 민주주의 의제나 담론이 MENA 지역 국가 내에 자리 잡지 못한 데서 기인했다.

실례로 아랍의 봄 이후 그나마 비교적 민주주의 체제를 잘 정착시켰다 여겨지던 튀니지는 2017년 행정조정법administrative reconciliation law을 입법하여 벤 알리 독재 정부 시절 근무하였던 공무원 중 심각한 공금횡령을 한 전력이 없는 이들은 모두 사면·복권하였다. 더 나아가 이들 모두를, 아랍 시민 봉기로 인해 직위 해제되기 전의 보직으로 복귀하여 근무할 수 있도록 해 주었다. 이러한 조치들은 시민 세력 및 독재 정권 밑에서 수십 년간 존재하였던 정당들의 수권 능력이 얼마나 부족했는지를 반증해 주었다.

결국 벤 알리 독재 정권의 전복 후 수권 능력이 부족한 정당들의 권력투쟁적인 정당정치 상황은 2014년 대선을 통해 정권을 잡은 베지 카이드 에셉시Beji Caid Essebsi 대통령의 권력 집중으로 이어졌다.

에셉시 대통령의 권력 독점은 2019년 그의 갑작스러운 죽음 이후 대통령에 선출된 카이스 사이드Kais Saied 대통령의 계엄령 선포와 사법부 통제로 이어졌다. 2021년 7월 25일 수도인 튀니스, 관광도시 나블, 지중해 연안 휴양도시 수세, 카이르완주의 주도 카이르완 등 튀니지 전역 주요 도시에서 경제적 시민 봉기가 일어나자 사이드 대통령은 계엄령을 선포하였다. 사이드 대통령은 의회를 해산하고, 총리를 포함한 몇몇 장관들을 해임시켰다. 아랍의 봄으로 인해 제도권 정치에 화려하게 의회 다수당이 된 알나흐다Ennahda 정당 지도부는 가택 연금을 당하였고 튀니지의 알자지라Aljazeera 방송국은 폐쇄되었다. 사이드 대통령의 이러한 권위주의적 조치는 군부와 시민사회 세력의 중요 세력인 UGTT의 전폭적인 지원을 바탕으로 이루어졌다. 벤 알리 독재 정권 시절부터 시민사회에서 영향력을 행사하던 UGTT는 정치 이슬람 세력인 알나흐다 정당에 적극적으로 반대하던 세력이었고, 결국 튀니지 시민사회에서 형성되지 못했던 민주주의 가치 연대와 사회통합은 또 다른 권위주의 정권의 집권을 낳았다. 사이드 정권은 경제성장이 유지되는 상황 속에 서서히 절차적 민주주의를 확립하는 방향으로 국정운영을 시도하였다. 경제안정화를 위해 벤 알리 시대의 식자층 및 행정관료를 중용하는 것은 2010년 아랍 시민 봉기가 소환한 튀니지 시민들의 기대와는 괴리가 있었다. 그러나 아랍의 봄 이후 국제금융기구와 걸프 산유국에서 받은 지원을 활용하여 국가경제성장을 도모하기에는 시민세력의 역량이 부족했다. 사이드 대통령은 계엄령 선포 이후 각 정부 부처 내의 절차적 민주주의를 제한하였고 기존 벤 알리 정권의 행정관료를 중용함으로써 경제지표 회복을 위한 정책을 입안했다.

이집트의 경우도 크게 다르지 않았다. 모범적인 시민들의 의사 표현 및 평화적 시민 봉기로 인해 절차적 민주주의가 확보된 대선으로 무슬림 형제단의 지도자 무함마드 무르시Muhammad Morsi가 대통령에 당선되었지만, 국제금융기구는 수십 년의 무바라크 독재 통치기와 다르게 새로운 민주주의 정권인 무르시 행정부에 호의적이지 않았다. IMF의 경우 이집트에 지출하기로 예정되었던 48억 달러 상당의 지원금을 유보했다. IMF의 이러한 조치는 이집트의 생활물가 상승 및 경제불안을 가속화했고, 무르시 정권의 불안정화에 큰 요인이 되었다. 국제금융기구는 아랍의 봄 이후 정권을 잡은 무슬림 형제단에 대하여 회의적이었다. 무바라크 독재 정부보다 새로운 행정부가 자유무역 및 민주주의 그리고 인권 문제에서 더 나은 통치 세력이라는 확신이 없었던 것이다. 이는 튀니지와 유사하게 오랜 독재 정권 통치 아래서 민주주의와 시장경제 체제를 이해하고 운용할 세력이 이집트에도 역시 부재하였음을 보여 준다. 무바라크 정권 축출로 인한 권력공백을 틈타, 오랜 억압 속에서도 생존하여 조직을 유지한 무슬림 형제단이 권력을 쟁취하였으나 무바라크 정권을 퇴출시킨 이집트 시민들의 요구에 부응하기에는 역부족이었다. 결국 무바라크 군부 정권을 무너트린 이집트 시민 세력은 2013년 7월 다시 군부 쿠데타를 지지하였고 쿠데타의 주동자이자 무르시 정부의 국방부 장관이었던 압델 파타 엘시시Abdel Fattah el-Sisi가 2014년 민주적 절차인 대선을 통해 정권을 잡았다. 엘시시는 대통령으로 선출된 후 노동조합의 파업 및 시민들의 시위를 강력하게 억압하고 통제하였다. 엘시시 정부는 무바라크 시기의 신자유주의 경제 모델을 적극 수용하였고, 무바라크 시기의 행정관료를 적극 기용하였다. 물론 무바라크 시대에 부패의 상징이던 무바라크와 그의 정실 자본주의 세력은 적극 배제하였지만, '군부지대추구' 체제가 확립되면서 기존 군부독재 정권보다 이집트 군부의 영향력이 확대되었다(백승훈 2021).

3. 석유 자본주의 폐해 지속: 의존적 사회복지 제도와 민주주의 약화구조

셰일혁명, 탄소중립과 지속가능한 성장 등 에너지 구조전환 시대의 변화에도 불구하고 MENA 지역의 석유 자본주의는 각국의 기득권 세력의 주요 통치 자금줄 역할을 하고 있다. 걸프협력회의Gulf Cooperation Council, GCC 산유국들은 석유지대추구 경제 체제에서 다변화를 꾀하고 있지만 그들의 석유자원 및 석유경제는 여전히 MENA 지역 내 주변국에 큰 영향력을 행사한다.

길버트 아크카르Gilbert Achcar는 MENA 지역 국가권력 사이에 존재하는 석유 자본주의 체제를 "가부장제, 친족정치 그리고 정실 자본주의가 망국적 복지 체제와 결합하여 다수의 빈곤한 사회계층과 타협"한 것으로서 법의 통치rules of law를 기만하는 체제라 비판하였다(Achcar 2013). 베이닌Joel Beinin은 MENA 지역 간 서로 연결된 석유 자본주의 체제의 특성을 높은 국방비 지출, 낮은 인간개발 지수, 기득권 세력에 저항하는 이슬람주의 세력의 득세로 보았다(Beinin, Haddad & Seikaly 2020).

석유자원이 부족한 MENA 지역 국가들은 MENA 지역 내 산유국으로 이주노동자를 지원하고 그들이 본국으로 송금하는 임금, 산유국으로부터 지원되는 후원금 및 해외 직접투자금으로 석유 자본주의 체제에 종속된다. 국제금융기구들은 이러한 공생관계를 노동 및 금융시장의 자유무역의 강화 측면에서 장려하면서 석유 자본주의 체제의 공공화를 도왔다. 2010-2011년 MENA 지역을 휩쓴 아랍의 봄 이후에서야 IMF는 신자유주의 체제, 워싱턴 합의에 의해 한층 강력히 구축된 MENA 지역의 석유 자본주의 체제가 국가 간에 공정하지 않았고, 특정 세력의 권력 안정화에 기여했음을 인정했다.

2012년 크리스틴 라가르드Christine Lagarde 당시 IMF 총재는 "IMF가 자유무역을 통한 경제성장이 공정하게 기여국에 분배되지 않는 것에 대해 신경을 쓰지 않았다"고 시인했다(Lagarde, Dec 6, 2011). 그러나 이러한 자기성찰과는 별개로 IMF는 MENA 지역의 석유 자본주의의 문제점을 개선하기보다 이러한 불공정한 배분을 '포괄적인 성장'으로 받아들였다. 결국, '아랍의 봄' 이후 시민 봉기로 인해 이집트, 튀니지 등 많은 MENA 지역 국가에서 새로운 정부가 들어서고 기존의 독재 세력이 축출되었지만 정체된 경제 상황으로 인해 시민 소요 사태는 지속적으로 일어났다.

모로코에서는 2016년 10월부터 2017년 6월까지 리프주 베르베르족의 저항운동인 히락 리프 운동Hirak Rif movement이 발생했다. 히락 리프 운동은 리프주의 어부였던 무흐신 피크리Mouhcine Fikri가 불법 어로라는 이유로 빼앗긴 수산물을 되찾기 위해 항의하다 사망하자 벌어진 대규모 시민 봉기였다. 무흐신 피크리 사건은 아랍의 봄의 시발점이 되었던 2010년 튀니지 야채상 부아지지의 분신자살 사건과 놀라울 정도로 유사하였다. 경찰의 무자비한 공권력 행사, 높은 실업률과 시장경제 상황의 악화, 국가기관의 부패 그리고 높은 빈곤율이 무흐신 피크리의 죽음과 히락 리프 운동의 주 요인이었다.

2018-2019년에는 레바논, 시리아, 수단, 요르단, 알제리 그리고 이라크 등 MENA 지역 전역에 걸쳐 다시금 대규모 시민 봉기가 일어났다. 수단과 알제리는 각각 장기간 통치하고 있던 권위주의 정권의 수장 오마르 알바시르Omar al-Bashir와 압델아지즈 부테플리카Abdelaziz Bouteflika가 하야했다. 레바논의 경우 2019년 10월 17일, 소위 '10월 17일 혁명'이 시작되었다. 높은 실업률(2018년 통계 48%)과 무능하고 부패한 정부에 반대해 일어난 시위는 하리리 총리의 하야를 요구하였다. 이로 인해 2020년 레바논 내각은 전원 사퇴 후 다시 구성되었다. 이라크에서는 2019년 10월 1일 대규모 시위가 일어났다. 역시 높은 실업률과 부패한 정

부 비판, 반분파 요구anti-sectarianism 그리고 경제개혁을 주 시위 의제로 한 2019년 이라크 시민 봉기가 2021년까지 지속되었다.

2010년 아랍의 봄이 추동한 MENA 지역 시민 봉기와 정치개혁운동은 장기 집권 독재 정부를 축출하는 데는 성공하였지만 아랍의 봄의 주요 요인이 되었던 빈부격차와 실업 문제 해소, 정상적인 국가 체제 구축에는 실패하였다. 이는 결국 2018-2022년, 4년간 MENA 지역 국가 전역에서 일어난 소위 '새로운 아랍의 봄', '아랍의 여름' 또는 '아랍의 봄 2.0'이라 불리는 대규모 시민 봉기로 이어졌다.

2010-2011년에 MENA 지역 국가에서 순차적으로 확산한 시민 봉기는 아랍 예외주의Arab exceptionalism, 아랍 혹은 이슬람 국가에서는 민주주의 체제가 정착하기 어렵다는 주장을 상당 부분 타파하였다. 또한 아랍 시민 봉기로 인한 기존의 권위주의 정권의 퇴출은 권위주의 정권과 연대하여 장기 독재 체제에 복무하였던 군부 그리고 관료 집단에 더 이상 경제 체제의 변화와 정치·사회구조 개혁 없이는 누가 집권을 하더라도 통치가 쉽지 않을 것임을 각인시켜 주었다. 즉 기존의 지대추구 체제를 바탕으로 하는 복지국가 체제의 개혁이 없다면 아랍 시민 봉기가 요구했던 국가 건설은 불가능했다.

여러 학자는 석유 자본주의가 MENA 지역에서 구축한 초국가적 지대추구 체제가 어떻게 그 자원을 독점하는 특정 세력의 장기 집권을 가능케 했는지 밝혔다. 지대추구 체제는 MENA 지역 내 산유국에서 시작되었지만 다양한 형태의 석유 자본주의 체제의 확산은 MENA 지역 비산유국들도 —정도의 차이는 있지만— 지대추구 체제 안에서 작동하게 만들었다(Schwarz 2008; Bellin 2004; Richter 2007; Mouhoud 2012).

지대추구 체제는 지대(rent)가 반드시 외부에서 발생하여 해당 국가에 유입되어야 하고, 그 수익은 특정 세력 및 정부에 복속되어야 한다. 또한 그 수익이 다수 혹은 다른 행위자에게 공유된다 하더라도 분배 과정이나 의사결정이 특정 세력에 의해 철저히 통제된다면 지대추구 체제라 규정될 수 있다. 즉 가장 확실한 지대 제품인 석유를 생산하지 않는다 하더라도, 그 석유 수익을 분배받는 과정에서 특정 세력이 독점하거나 그 분배를 통제할 수 있다면 큰 틀에서 석유 자본주의 체제 혹은 지대추구 체제에 포함되어 있다고 할 수 있다. 아랍의 봄에 의해 정권이 교체된 이집트, 리비아 등은 다양한 형태의 지대를 지배층이 향유하는 체제였다. 칼리파 벨카르 하프타르Khalifa Belqasim Haftar 장군이 리비아 유전 지역을 지배하며 국제사회에서 인정받은 트리폴리 정부와 대립각을 세우는 모습이나, 엘시시 정권 집권 이후, 군부 및 특정 세력이 걸프 왕정의 지원금 혹은 다양한 국책 프로젝트를 독점하며 정권 안정을 강화하는 행태는 아랍의 봄 이전의 지대추구 체제, 석유 자본주의 체제가 작동함을 반증한다. 결국 2010년 아랍의 봄이 요구하였던 반부패, 정치·경제개혁, 그리고 대의 민주주의 확립 —국가마다 정도의 차이가 있지만— 이 실현되기 위해서는 기득권 세력이 지대 자원을 통제하여 사회복지 제도 및 지원금 제도로 국민에게 통치 명분을 확보하고 거래하는 체제를 변화시켜야 한다.

4. 아랍의 봄 10년과 변화한 아랍인의 이주

아랍의 봄 이후 10년은 오랜 기간 MENA 지역 국가에서 일어났던 이주 행태도 변화시켰다. 오랜 기간 다양한 형태의 이산이 MENA 지역 국가 사이로, 또 MENA 지역 국가에서 유럽, 북미, 남미 지역으로 활발히 일어났으나 2010년 아랍의 봄 이후 MENA 지역 국가 시민의 이주는 인간안보human security, 즉 한 국가의 안보 의제로 다루어졌다. 시리아, 리비아에서 물밀듯 넘어온 난민으로 인해 유럽연합European Union, EU 회원국의 국경 정책은 엄격해졌으며 MENA 지역 아랍인의 이주는 한층 어려워졌다.

유럽의 경우 두 지역으로 나뉘어 각기 다른 이주민 정책을 입안하였다. 중·북부 유럽은 이주민의 이주와 직접적인 접점이 없어 아랍 이주민 문제를 각국의 국내 문제로 다루려 하였으나, 아랍의 봄으로 인한 난민 유입을 직접적으로 대면한 남유럽 지역은 아랍 이주민의 문제를 EU 전체의 문제로 다루어 부담을 나누고자 하였다.

특히 시리아 난민 문제, 민족이산 문제가 가장 변화가 컸는데, 2010년 이후 총 570만 명의 난민이 국외로 이주하였고 시리아 내에서도 총 800만 명의 시민이 자신의 고향을 떠나 객지 생활을 하게 되었다. 아랍의 봄은 일반 난민뿐 아니라 정치적 난민의 증가도 야기했다. 특히 이집트의 경우 아랍의 봄 이후 2014년 이집트 군부가 다시금 정권을 잡게 되자, 무슬림 형제단을 비롯한 다수의 시민 세력이 노동이주 및 정치난민 신청을 통해 해외로 이주하는 사례가 증가하고 있다.

2015년 통계에 따르면 2005년부터 2010년까지 MENA 지역에서 자신의 거주지를 떠나 이주한 총원이 2,600만 명 수준이었으나 아랍의 봄 이후 5년 동안 이에 2배가 넘는 5,400만 명으로 증가하였다. 이는 중동 전체 인구 중 해외에 거주하는 국민의 비율이 7%였던 2005년에 비해 13%로 거의 2배 증가한 수치였다.

아랍의 봄은 난민의 이주뿐 아니라 기존의 주요 이주 형태였던 노동이주에도 많은 영향을 끼쳤다. 특히 리비아, 시리아, 이집

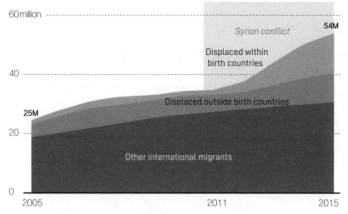

Note: See terminology section for a list of included countries.
Data for some years are estimated. See methodology for details.

아랍의 봄 이후 증가한 중동 이주민(출처: 유엔인권위원회)

트의 경우 많은 노동자가 걸프 산유국으로 노동이주를 하였는데, 아랍의 봄 이후 시민 봉기의 요인이 청년 실업, 높은 실업률 등의 경제적 문제에서 시작된 것으로 판명되자 걸프 산유국은 각자 자국민 우대 정책을 실시하기 시작하였다. 실제 이집트의 경우 걸프국에 내보냈던 이주노동자의 수가 점차 줄기 시작했고 2018-2020년 사이에 사우디아라비아에서 고용된 이집트 노동자의 30%, 총 78만 명이 이집트로 되돌아왔다.

2010년 MENA 전역을 휩쓴 시민 봉기는 각국 정치권력의 변화뿐 아니라 냉전 체제 이후 반세기 동안 중동 지역을 움직이던 모든 체제의 종언을 알린 사건이었다. 기존의 석유 자본주의, 지대추구 체제로 서로 얽혀 있던 중동의 정치·경제 체제는 물론 지역 내 이주 형태까지 이전과는 다른 변화가 일어나고 있다.

참고자료

백승훈(2021), 「심연국가(Deep State)와 이집트 아랍민주공화국: 아랍의 봄 이후 이집트 군부의 지대추구체제 연구」, 『이슬람학회논총』 31(3), 111-138.

Achcar, G.(2013), *The People Want: A Radical Exploration of the Arab Uprising*, G. M. Goshgarian(trans.), Berkeley, Los Angeles & London: University of California Press.

Beinin, J.(2012), *The Rise of Egypt's Workers*, Vol. 28, Washington, D.C.: Carnegie Endowment for International Peace.

Beinin, J., B. Haddad & S. Seikaly(eds.)(2020), *A Critical Political Economy of the Middle East and North Africa*, Stanford, C.A.: Stanford University Press.

Bellin, E.(2012), "Reconsidering the Robustness of Authoritarianism in the Middle East: Lessons from the Arab Spring," *Comparative Politics*, 44(2), 127-149.

_____ (2004), "The Robustness of Authoritarianism in the Middle East: Exceptionalism in Comparative Perspective," *Comparative Politics*, 35(2), 139-157.

Beinin, J, & M. Duboc(2014), "The Egyptian Workers Movement

Before and After the 2011 Popular Uprising," *Socialist Register*, 51, 1-22.

Dabashi, H.(2012), *The Arab Spring: The End of Postcolonialism*, London: Zed Books Ltd.

Feldman, N.(2020), *The Arab Winter*, Princeton & New Jersey: Princeton University Press.

Gause III, F. G.(2011), "Why Middle East Studies Missed the Arab Spring: The Myth of Authoritarian Stability," *Foreign affairs*, 81-90.

Goodwin, J.(2011), "Why We Were Surprised (Again) by the Arab Spring," *Swiss Political Science Review*, 17(4), 452-456.

Haddad, B.(2012), "Syria, the Arab uprisings, and the political economy of authoritarian resilience," C. Henry & J. Ji-Hyang(eds.), *The Arab Spring*, Asan-Palgrave Macmillan Series, New York: Palgrave Macmillan, 113-130.

Hamid, S.(2014), "Political Party Development Before and After the Arab Spring," M. Kamrava(ed.), *Beyond the Arab Spring: The evolving ruling bargain in the Middle East*, Oxford: Oxford University Press, 131-150.

Held, D.(2013), *Global Covenant: The Social Democratic Alternative to the Washington Consensus*, Boston, Cambridge & Oxford: Polity Press.

Hibou, B.(2006), "Domination & control in Tunisia: Economic levers for the exercise of authoritarian power," *Review of African political economy*, 33(108), 185-206.

Karshenas, M., V. M. Moghadam & R. Alami(2014), "Social Policy after the Arab Spring: States and Social Rights in the MENA Region," *World Development*, 64, 726-739.

Khondker, H. H.(2011), "Role of the New Media in the Arab Spring," *Globalizations*, 8(5), 675-679.

Lagarde, C.(2011), "The Arab Spring, One Year On." https://blogs. imf.org/2011/12/06/the-arab-spring-one-year-on/ (search: 2022.07.05.).

Mouhoud, El M.(2012), "Political Economy of Arab Revolutions: Analysis and Prospects for North-African Countries," *Mondes en développement*, 2, 35-50.

Noueihed, L. & A. Warren(2012), *The battle for the Arab Spring*, New Haven: Yale University Press.

Richter, T. & S. Christian(2008), "Politics, Economics and Tourism Development in Egypt: Insights into the Sectoral Transformations of a Neo-patrimonial Rentier State," *Third World Quarterly*, 29(5), 939-959.

Schwarz, R.(2008), "The Political Economy of State-formation in the Arab Middle East: Rentier States, Economic Reform, and Democratization," *Review of International Political Economy*, 15(4), 599-621.

Stepan, A. & J. J. Linz(2013), "Democratization theory and the 'Arab spring,'" *Journal of democracy*, 24(2), 15-30.

Weyland, K.(2012), "The Arab Spring: Why the Surprising Similarities with the Revolutionary Wave of 1848?" *Perspectives on Politics*, 10(4), 917-934.

2장

아랍의 봄의 명암: 아랍 난민을 중심으로

이효분
한국외국어대학교

아랍의 봄의 명암: 아랍 난민을 중심으로

1. 서론

2010년 말, 한 튀니지 청년의 분신자살 소식은 소셜 미디어를 통해 빠르게 아랍 세계로 전파되었고 아랍 세계의 장기 독재 정권에 대한 아랍인의 불만을 증폭시키며 민중 봉기의 기폭제가 되었다. 빈부격차와 실업 등 생활고에 시달리던 아랍인은 그 원인을 독재 정권 지도자들의 무능과 장기 독재의 폐단이라 여기고 좀 더 나은 삶을 위해 시위에 나선 것이다. 아랍 역사상 유례를 찾기 힘든 아랍 민중 봉기는 수십 년에 걸쳐 장기 집권하던 독재 정권들을 무너뜨렸고, 일반 시민의 대규모 시위 참가는 민주주의 국가로의 정진에 대한 열망을 담아냈다.

시민 참여 시위는 튀니지를 시작으로 주변 아랍 국가들로 번져 갔고 튀니지, 리비아, 이집트, 예멘 등 수십 년간 정권을 장악해 왔던 독재 정권들은 빠르게 무너져 내렸다. 그러나 국민투표와 정치개혁 등을 거쳐 새로이 들어선 정권들은 자유 민주주의 국가를 향한 시민의 기대에 제대로 부응하지 못했고 파벌 간 정쟁과 분쟁, 부패, 쿠데타 등을 거치며 사회를 혼란 속으로 몰아넣었다. 이슬람 국가Islamic State, IS의 준동, 이라크 내전, 시리아 내전, 예멘 내전, 리비아 내전, 이집트 군사 쿠데타 등을 거치며 아랍 세계는 극심한 사회적 혼란을 겪어 왔다. 아랍인은 극심한 고통과 생명의 위협으로부터 탈출하기 시작했고, 수많은 국내 실향민Internally Displaced Persons, IDPs과 난민refugees이 양산되었다.

인류 역사에서 인간의 이주는 계속되어 왔다. 이주의 원인은 보다 나은 삶을 영위하기 위한 자발적 의사에 의한 이주와 자연재해나 재난, 전쟁 등으로 인해 생명의 위협으로부터 안전한 삶을 얻기 위한 강제적 이주로 대별된다. 여기서는 전쟁과 심각한 폭력 사태 등 아랍의 봄을 거치며 이루어진 아랍인의 강제이주를 다루며, 위험으로부터 생명을 지키고자 조국을 등지고 다른 나라로 탈출한 아랍 난민에 대해 심도 있게 다루어 보고자 한다.

2. 잠재 갈등 요인과 '아랍의 봄'의 추이

2010년 12월 18일, 튀니지의 청년 무함마드 부아지지Muhammad Bouazizi의 분신자살 소식이 핸드폰, 인터넷 등 과학문명 기기의 발달로 인해 빠른 속도로 아랍 각지에 전해졌고 '아랍의 봄'의 촉진제가 되었다. 실업과 빈곤에 허덕이던 한 청년의 분실자살 소식은 부패와 경제난에 허덕이던 아랍인의 공감과 동조의식을 자극했다. "국민은 정권퇴진을 원한다"는 슬로건하에 아랍 세계에서 반정부 시위, 폭동, 무장 반란이 일어났다. 튀니지에서 시작된 대규모 대중 시위는 리비아, 바레인, 시리아, 예멘, 이집트로 확산되었고 철옹성 같던 장기 독재 정권을 단기간에 무너뜨렸다. 2011년 1월 14일 튀니지의 자인 엘아비딘 벤 알리Zine El Abidine Ben Ali, 2월 11일 이집트의 호스니 무바라크Hosni Mubarak, 8월 21일 리비아의 무아마르 카다피Muammar Gaddafi, 11월 23일 예멘의 알리 압둘라 살레Ali Abdullah Saleh 정권을 무너뜨렸고 대규모 시위와 사회적 폭력은 폭동, 내전, 무장 반란으로 확대됐다. 레바논, 모로코, 수단, 알제리, 오만, 요르단, 이라크, 이란에서 대규모 시위가 이어졌고, 모로코령 서부 사하라, 모리타니아, 사우디아라비아, 지부티, 팔레스타인에서도 소규모 시위가 발생했다. 해당 정부들은 페이스북 같은 SNS, 특정 사이트나 그룹 간의 통신을 강제로 차단하거나 뉴스, 소셜 미디어 등의 검열과 차단을 강행하며 시위 확산을 막고 정권 유지를 위해 부단한 노력을 기울였다.

2012년 중반에 이르러 대중의 시위는 친정부 무장집단, 반정부 시위자, 군 세력과 함께 정부의 강경 무력진압에 직면하며 새로운 국면을 맞았다. 대규모 대중 시위와 무력진압으로 인한 충돌은 시리아 내전, 이라크 내 이슬람 국가Islamic State in Iraq and Levant, ISIL의 준동과 이라크 내전, 이집트의 위기와 쿠데타 등으로 이어져 사회불안정과 혼란을 부채질했고 리비아 내전, 예멘의 위기와 내전을 촉발시켰다. 2011년 아랍의 봄 이후 권력투쟁은 계속되어 왔고, 정권과 지도부가 바뀌는 혼란 속에 아랍 세계 전역에 걸쳐 권력공백이 생겨났다. 그 결과 이슬람 국가에서 종교 엘리트들에 의한 권력공고화와 민주주의에 대한 시민의 지지 증가 사이에 논쟁적인 갈등이 양산되었다. 아랍인은 아랍의 봄을 통해 부패를 종식시키고 시민의 정치 참여를 늘리며 보다 나은 경제적 형평성을 가져올 것이라 기대했다. 그러나 예멘 내전에서 보여 준 자국의 이익에 따른 국제 사회의 대응, 바레인의 시위대 무력진압을 위한 사우디아라비아의 군사 개입 그리고 시리아, 이라크, 리비아, 예멘에서의 참혹한 내전을 지켜보며 아랍인의 희망은 무참히 무너졌다.

2018년 5월, 튀니지에서 일어난 봉기만이 입헌 민주 거버넌스로의 전환을 가져왔으나 심각한 경제난에 시위는 계속되고 있다. 수단과 알제리의 최근 봉기는 아랍의 봄의 여파가 여전히 존재하며 권위주의와 착취에 저항하는 정치적 움직임이 여전히 일어나고 있음을 보여 준다. 2019년 레바논, 수단, 알제리, 이라크, 이집트에서 일어난 여러 시위와 항의 운동은 아랍의 봄의 연속으로 여겨지고, 현재도 아랍의 봄의 결과로 볼 수 있는 여러 갈등이 계속되고 있다. 아버지에 이어 2000년부터 장기 집권하고 있는 바샤르 알아사드Bashar al-Assad는 여전히 반정부군과의 대치 속에 정권을 유지하고 있고, 시리아 내전은 시리아의 정치적 불안정과 경제적 어려움을 가속화하고 있다. 리비아에서는 서구 열강과 러시아가 대리 전사를 파견하며 주요 내전이 종결되었고, 예멘에서는 계속되는 내전이 나라 전반에 걸쳐 영향을 미치며 실패국가로 종착하고 있다. 레바논의 주요 은행 위기는 레바논 국가경제는 물론 이웃 국가인 시리아도 위협하고 있다.

코로나19 팬데믹 사태의 장기화로 인해 아랍 세계의 경제 상황은 더욱 악화되었으며 정쟁과 부패, 사회불안 등으로 반정부 시위가 일어나고 있다. 급격한 정권 교체에 따른 혼란과 무질서, 그리고 치안의 불안정은 아랍인의 기대와는 다르게 종교, 종파, 빈부격차 등 다양한 원인에 따른 이해충돌, 권력투쟁, 갈등과 분쟁을 낳았다. 이러한 혹독한 현실 속에서 희망에 부풀었던 '아랍의 봄'은 아랍인의 고뇌와 시련, 인내를 끝없이 요구하는 '아랍의 겨울'로 이어지고 있다.

1) 튀니지

아랍의 봄의 촉발제가 되었던 튀니지의 26살 청년 부아지지의 분신자살[1]은 24년간의 벤 알리[2] 장기 독재 정권을 무너뜨렸다. 부아지지의 분신자살 소식은 소셜 미디어를 통해 빠르게 확산되었고 높은 청년 실업률은 벤 알리 정권의 부패와 인권침해에 대한 불만을 고조시켜 청년층의 적극적인 시위 참여를 이끌었다. 점차 시위 구성원들도 다양해지고 시위 규모도 확대되었으며 정부의 무력진압으로 사상자가 속출하였다. 2011년 1월 14일 노조 총파업이 단행되었고 벤 알리는 국가비상사태를 선포하며 정부 해산을 발표하기에 이르렀으나, 결국 대통령직에서 물러나 사우디아라비아로 망명하였다. 벤 알리 정권 퇴진 후 튀니지는 1월 17일 과도정부 수립, 대선과 총선을 통한 민의 수렴 등을 통해 민주주의를 향한 점진적인 정치 발전을 이루어 왔다. 그러나 부패, 치안 악화, 계속되는 경제난 등으로 인해 튀니지는 여전히 사회 불안정이 지속되고 있다.

2) 리비아

2011년 2월부터 동부의 주요 도시 벵가지에서 민주화 시위가 발생하였고 시위는 친카다피 세력과 반카다피 세력 간의 내전으로 발전하였다. 반카다피 세력인 시민군은 2011년 2월 27일 '벵가지 선언'을 기반으로 리비아 과도국가위원회National Transitional Council, NTC를 설립하였고 리비아 연락 그룹[3]은 7월 15일 NTC를 리비아의 '유일한 합법정부'로 인정하였다. NTC군은 서부의 전략 요충지 자위야와 즐리탄을 차례로 접수하고 8월 23일 트리폴리 전투에서 승리하며 수도 트리폴리를 장악했다. 10월 20일 카다피가 시르테에서 시민군에 의해 체포, 사살되며 리비아는 카다피의 42년 장기 집권을 퇴진시키고 총선을 통해 정권 교체를 이루었다. 그러나 2014년 6월 의회 선거를 거치며 이슬람주의 세력과의 갈등이 고조되어 이슬람주의 세력 민병대가 장악한 트리폴리 정부와 기존 총국민회의 의회 의원이 주축인 투브루크 정부로 양분되었고 국제 사회는 투브루크 정부를 리비아의 합법정부로 인정하였다. 리비아는 여전히 트리폴리와 투브루크 동서 지역으로 대립하고 있고, IS와 이슬람 민병대 안사르 알샤리아Ansar al-Sharia의 활동으로 극심한 내전 상태에 있다. 폭력과 치안 부재, 극심한 사회적 혼란으로 리비아를 떠나 유럽으로 향하는 피난민의 수가 끊이지 않고 있고, 선상에서 난민 간의 종교와 지역갈등으로 인한 살인, 폭행, 감금, 인신매매도 발생하며 보트피플을 향한 인권유린이 자행되고 있다.

3) 이집트

2011년 1월 25일 이집트 전역에서 대규모 반정부 시위가 발생했고 정부가 시위대에 대한 강경 무력진압을 펼쳐 수천 명의 사상자가 발생했다. 정부의 무력진압과 미디어 검열, 트위터와 페이스북 차단, 인터넷 접속 차단 등 전례 없는 강압적 통제 행위에도 불구하고 시위는 기세가 꺾이기는커녕 더 격렬하게 타올라, 마침내 2월 11일에 무바라크 대통령이 권력을 이양하고 대통령직을 사임하기에 이르렀다. 이로써 1981년 정권을 잡은 이래 지속되어 온 장기 독재 정권이 막을 내렸다. 타흐리르 광장에 모인 수많은 인파가 무바라크의 퇴진에 환호했고 민주주의를 향한 시민의 열망은 드높았다. 무바라크 정권 퇴진 후 군 최고위원회가 국가운영을 맡게 되었다. 2월 13일 의회 해산, 3월 19일 개헌 국민투표, 11월 28일 의회 선거가 이루어졌고, 2012년 6월 24일 대통령 선거를 거쳐 무슬림 형제단 출신의 무함마드 무르시Muhammad Morsi가 대통령에 선출되었다. 전 정권에서 정치적 탄압을 받았던 무슬림 형제단과 이슬람 극단주의자들의 제헌의회 내 영향력이 확대됨에 따라 자유주의자들과 세속주의자들이 의회에서 탈퇴하고, 무슬림 형제단은 무르시 대통령을 지지하며 세력을 굳혀 나갔다. 그러나 무르시 대통령과 무슬림 형제단은 샤리아Sharia에 기반한 정책과 과격한 이슬람 근본주의 정책을 입안하며 야당과 이집트 국민들의 반발을 샀고 무르시 대통령 지지자들과 반대자들이 충돌하기에 이르렀다. 무르시 대통령과 무슬림 형제단이 이끄는 정부에 대한 반감이 극에 달하여 결국 2013년 7월 3일 쿠데타가 일어났다. 군부가 무르시 대통령을 축출하고 과도정부를 구성하며 무슬림 형제단원들은 구금되거나 체포되어 무기징역이나 사형을 받았다. 2014년 1월 18일 과도정부는 새로운 헌법을 국민투표에 부쳐 압도적인 찬성을 받아 통과시켰다. 2014년 대선에서 이집트 국방장관 출신인 압델 파타 엘시시Abdel Fattah el-Sisi가 압승을 거두며 6월 8일 대통령에 취임하였다. 그리고 2015년 12월 총선에서 엘시시 대통령 측 다수의 인사가 의회에 입성하였고, 2018년 대통령 선거에서 엘시시 대통령이 재선에 성공하였다. 또한 2019년 의회에 의해 헌법개정안이 통과되며 대통령의 권한과 군부의 권한이 확대되었고 엘시시 대통령은 권력강화에 성공하였다. 결국 아랍의 봄을 거쳐 민주주의 국가로의 발전을 꿈꾸었던 이집트인의 바람과는 달리 이집트는 여전히 강한 군권정치를 보여 주었고 세계적인 코로나19 팬데믹과 경제불황으로 민심의 근간은 어둡기만 한 실정이다.

4) 시리아

2011년 3월 15일부터 반정부 시위가 계속되었고 4월부터 시리아군을 동원한 진압이 이루어졌다. 자국민 시위대를 향한 시리아군의 총격으로 사상자가 급증하고 시위는 무장 폭동으로 변화되었다. 탈영한 군인과 민간인 자원군으로 구성된 반군이 정부군과 무력충돌하고 알누스라 전선Jabhat al-Nusra, 알카에다al-Qaeda 등의 이슬람 무장테러 단체들이 영역을 확대하며 사회 혼란을 가중시켜 시리아의 위기를 초래하였다. 시리아는 1963년 쿠데타로 집권한 바아스Ba'ath당을 기반으로 1970년 하페즈 알아사드Hafez al-Assad가 정권을 잡았고, 2000년 6월 하페즈 사망 후 그의 아들 바샤르 알아사드가 권력을 승계해 40년 넘게 부자 세습의 독재정치를 해 왔다. 아랍의 봄의 영향으로 시리아에서도 바샤르 알아사드와 바아스당 정권의 퇴진을 요구하는 시위가 있자, 시리아 정부가 군대를 동원해 유혈진압을 함으로써 내전으로 번졌다. 시리아는 소수의 알라위Alawites[4]가 정권을 잡고 수십 년간 통치하며 다수의 순니파의 불만과 갈등을 겪어 왔다. 시리아의 위기가 확산되고 이러한 불안 요인들이 확대 재생산되며 갈등과 분쟁을 가속시켜 시리아 내 종파분쟁, 인종분쟁으로 확대되었다. 알아사드 정부는 오랜 우방인 러시아와 쉬아파 종주국인 이란이, 반군은 알아사드 정부에 적대적인 미국 등 서방 국가와 순니파 종주국인 사우디아라비아가 지원하는 대리 전쟁의 성격까지 띠고 있고 순니파 무장 단체인 IS가 내전 중에 시리아 동부를 점령하면서 전쟁의 양상이 복잡하게 전개되었다. 2017년 10월 미국의 지원을 받은 시리아 민주군Syrian Democratic Forces, SDF[5]이 락까를 점령하며 IS는 소멸에 접어들었다. 그러나 IS 소탕에 참여하며 세력이 커진 시리아 쿠르드족 민병대 YPGYekîneyên Parastina Gel[6]에 대하여 튀르키예가 러시아의 묵인하에 무력 공격을 전개하고, 이란 견제를 구실로 이스라엘이 시리아 영토를 수시로 공습하면서 내전의 양상은 더욱 복잡해졌다. 내전 종식을 위한 국제 사회의 노력에도 불구하고 시리아 내전은 휴전 협상, 휴전, 휴전 철회를 반복하고 있다. 알아사드 정권은 내전 4년 가까이 반군에 밀려 남서부 수도 다마스쿠스 부근으로 통치력이 축소되었으나 2015년 9월 러시아의 공습 지원으로 전세가 역전돼 현재 북서부 이들립주 및 유프라테스강 동쪽의 튀르키예 접경지를 제외한 거의 모든 영토를 탈환했다(뉴시스, 2022.01.13.).

5) 이라크

2003년 이라크 전쟁으로 사담 후세인Saddam Hussein 정권이 무너졌고 전반적인 사회 시스템이 붕괴되었다. 이라크는 아랍인이 4/5를 차지하지만 그 밖에 쿠르드인, 투르크멘인, 앗시리아인, 아르메니아인 등 여러 소수 민족이 존재한다. 이라크 전쟁을 거치며 다수의 쉬아파가 정권을 잡았으나 쉬아파 내 권력투쟁, 바아스당과 순니파의 반정부 무장 투쟁, 알카에다 같은 이슬람 무장 테러 집단으로 인해 극심한 사회적 혼란을 겪었고 아랍의 봄의 여파, 극단적 이슬람 원리주의 테러단체 ISIL의 발흥 등으로 2014년에는 내전으로까지 번졌다. 2017년 내전은 종식되었으나 극심한 경제난, 장기간에 걸친 전쟁으로 인한 환경오염과 폭력, 테러 등으로 인해 이라크인들은 물질적 정신적 피해를 호소하고 있다.

6) 예멘

2011년 1월 17일 예멘의 수도 사나에서 1만 6,000여 명이 운집한 대규모 시위가 열렸다. 실업과 경제불황, 부패에 대한 항거로 시작된 시위는 점차 규모가 확대되었고, 정부는 반정부 시위에 강경 무력진압으로 맞서 사상자가 1,000명에 이르렀다. 2월 2일, 살레 대통령은 2013년 대선 불출마와 그의 아들로의 권력 승계를 하지 않겠다고 발표했으나 성난 민심은 꺾이지 않았고 11월 24일 대통령직을 사퇴했다. 대통령직에서 물러난 살레 대통령은 사우디아라비아로 망명했지만 이후에도 권력을 되찾기 위해 예멘 내정에 깊숙이 개입하였고, 결국 2017년 12월 4일 후티 반군Hussein Bareddin al-Houthi에 의해 피살되었다. 살레 대통령의 퇴진 후 부통령이던 압드 라부 만수르 알하디Abd Rabbuh Mansur al-Hadi[7]가 대통령 권한대행을 맡았던 예멘의 국정은 순탄치 않았다. 1990년 남북 예멘 통일 이후 지속되어 왔던 갈등의 골은 더욱 깊어졌고 알카에다와 ISIL이 테러를 자행하며 예멘 내륙 일부 및 해안 일대를 장악하기에 이르렀다. 2015년 예멘 내전은 살레 대통령 퇴진 이후 생긴 정치공백하에서 취약한 하디 정권과 반미·반정부의 기치하에 세력을 확장한 후티 반군과의 충돌로 빚어졌다. 2015년 1월 20일, 후티 반군이 대통령 관저를 공격하고 대통령궁을 장악하며 시작된 하디 정권과 후티 반군 간의 충돌로 인해 치안 부재, 열악한 경제 여건, IS 등의 무장 테러 집단의 창궐 등으로 정국의 혼란은 가중되었다. 순니 이슬람교 종주국이며 왕정체제인 사우디아라비아는 공화정인 인접국 예멘의 내전으로 인한 사우디아라비아의 국내외 정세 변화에 예민해질 수밖에 없었다. 이에 사우디아라비아는 혼란한 예멘을 통한 왕정 전복 세력의 국내 유입을 차단하고 쉬아 벨트[8]의 구축과 확대로 인한 이란의 영향력 확대를 저지하며 사우드 왕가의 3세대로의 세대교체를 둘러싼 국내 권력투쟁의 여파로 인한 국면전환의 필요성에 의해 예멘 내전에 개입하였다.

2015년 3월 26일 사우디아라비아가 주도하는 연합군이 예멘 내전에 개입하며 아덴에 하디 정부를 복원하고 수도 사나 탈환을 위한 공세를 지속하고 있다. 예멘 내전은 극심한 혼란과 치안 부재를 초래했고 시민들은 생계에 더욱 어려움을 겪었다. 결국 예멘 내전으로 인해 인도주의적 상황은 더 악화되어 인도주의적 재난 상황의 수준에 도달하고 있다. 사우디아라비아가 주도하는 동맹군의 공습으로 수많은 보건소와 산업 시설이 파괴되었고 식수, 토양 등의 환경오염도 심각하며, 음식과 의료 시설은 긴급한 상황에 처해 있다. 2015년 12월 10일 보호 클러스터 예멘Protection Cluster Yemen의 「인구이동에 관한 TF 6차 보고서 Task Force on Population Movement 6th Report」에 따르면 이 전쟁으로 250만 명이 국내 실향민이 되었고 예멘을 떠나 사우디아라비아, 소말리아, 수단, 에티오피아, 오만, 지부티 등으로 피난한 난민이 16만 8천 명 이상에 이른다. 예멘 내전은 여전히 진행 중으로 하디 정부군과 후티 반군 간의 무력충돌, 사우디아라비아 주도 연합군의 공습, 알카에다 아라비아반도 지부와 IS의 지속적인 테러로 예멘의 사회적 안정은 요원하며 생명의 위협으로부터 벗어나고자 하는 난민의 수는 계속 증가하고 있다.

3. 난민 폭증과 국제 사회의 대응

난민은 국제난민법International refugee law에 의해 보호받는
다. 국제난민법은 난민보호의 기준을 확립한 국제관습법과 국
제적 장치로 난민법의 초석은 1951년 채택된 '난민의 지위에 관
한 협약Convention relating to the status of refugees(이하 난민협약)'과
1967년에 채택된 '난민의 지위에 관한 의정서Protocol relating to the
status of refugees(이하 난민의정서)'이다. 난민협약 제1조(Article
1.A.2)는 난민을 "인종, 종교, 국적 또는 특정 사회집단의 구성원
신분 또는 정치적 의견을 이유로 박해를 받을 우려가 있다는 충
분한 이유가 있는 공포로 인하여 국적국 밖에 있는 자로서, 그 국
적국의 보호를 받을 수 없거나 또는 그러한 공포로 인하여 그 국
적국의 보호를 받는 것을 원하지 아니하는 자, 혹은 이들 사건의
결과로서 상주 국가 밖에 있는 무국적자로서 종전의 상주 국가
로 돌아갈 수 없거나 또는 그러한 공포로 인하여 종전의 상주 국
가로 돌아가는 것을 원하지 아니하는 자"로 정의한다(UNHCR
1951; 1967). 2019년 9월까지 1951년 난민협약은 146개국,
1967년 난민의정서는 147개국에 의해 비준되었다. 145개국은 두
기구에 모두 가입했고 149개국은 1951년 난민협약 또는 1967년
난민의정서 중 하나를 비준했으며, 한국은 1992년 12월 3일 두

기구에 모두 가입했다(UNHCR).

　2020년에 2,590만 명의 난민이 발생했고 이 중 52%가 18세 미만이다. 폭력과 분쟁으로 4,130만 명의 국내 실향민이 발생하였고, 이는 1998년 국내난민감시센터Internal Displacement Monitoring Centre, IDMC가 국내 실향민 실태 조사를 시작한 이래 가장 높은 수치이며, 이 중 시리아 실향민이 610만 명으로 가장 많다. 또한 집 없이 유랑하는 인구도 390만 명에 달한다(IOM, 2021.03.). '세계 이주 보고서'에서 2000년과 2020년도 통계를 비교해 보면 난민 수는 2000년 1,400만 명에서 2020년 2,590만 명, 국내 실향민은

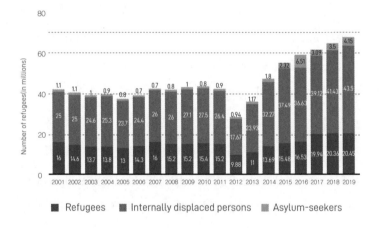

2001-2019년 전 세계 난민, 국내 실향민, 망명 신청자(단위: 백만)
(출처:https://www.statista.com/statistics/268719/number-of-refugees-worldwide/
(2022.01.19. 검색))

아랍의 봄 이후 정치지형과 법제도의 변화

2000년 2,100만 명에서 2020년 4,130만 명으로 두 배 가까이 증가했다(IOM, 2021.10.).

 2001년에서 2019년까지의 전 세계 난민 수 추이를 살펴보면 2001년에서 2011년까지 예년과 비슷한 수치를 보이다 2012년에 난민 수가 많이 줄어들었다. 이후 2014년부터 2017년까지 난민 수가 급격히 증가하는데 이 시기의 난민 중 상당수가 예멘 내전, 이라크 내전, 리비아 내전, 시리아 내전 등 폭력과 전쟁으로부터 탈출한 아랍 국가 출신 난민이다(statista 2020). 아랍 난민은 주로 주변 국가로 탈출했지만 난민들은 유럽으로 가기를 희망했다. 유럽의 관용 복지 정책은 난민들에게 매력적으로 다가왔고 자국의 위협으로부터 벗어나 유럽으로의 유입을 이끌었다. 유럽으로의 난민 유입 경로는 지중해를 통해 이탈리아나 몰타로 향하는 중부 경로, 튀르키예를 통해 그리스로 향하는 동부 경로, 발칸반도에서 헝가리로 가는 서부 경로가 있고 육로는 헝가리-세르비아 국경을 넘는 경로가 일반적이다(김중관 2016, 22-23, 26). 튀르키예를 거쳐 그리스로 향하던 보트에서 사망한 세 살 난 아일란 쿠르디의 소식은 시리아 난민 문제의 심각성을 일깨웠다. 유럽연합European Union, EU에 진입한 아랍 난민은 2013년에 시리아 출신 5만여 명, 2014년 시리아 출신이 12만 8,000여 명으로 시리아, 이라크 출신이 많았으나 2015년에 리비아 출신 난민이 급증하였다. 리비아는 니제르, 수단, 알제리, 이집트, 튀니지, 차드 등 여러 국가와 국경을 접해 있고 이탈리아 남부 해변으로부터 수백 마일 안에 근접해 있다. 리비아 출발 난민이 전체 지중해 난민의 91%에 달하고 지중해 지역에서 침몰한 대다수의 난민선 출발지 또한 리비아로, 이는 현지 정부의 통제력 부재로 인한 것이다. 단기간에 대량의 난민 유입은 EU의 분열로 확대되었고 국제사회에서 각국의 정치·경제적 이해관계의 대립을 야기했다(서대성 2016, 55-62). 2015년 11월 EU와 튀르키예가 난민 사태 및 테러 저지 관련 상호 공조에 합의하였고, EU에서 튀르키예의 난민수용을 위해 30억 유로의 재정 보조 지원, 2016년 튀르키예 국적자의 EU 비자 면제 합의, 2015년 12월 14일 5년간 중단되었던 튀르키예의 EU 가입 협상이 재개되었다(김중관 2016, 28). 이러한 일련의 조치들은 튀르키예를 통해 EU로 진입하는 난민 수를 줄이기 위한 방편으로 EU의 고심을 엿볼 수 있다.

'2020년 난민 주요 송출국 순위'에 따르면 시리아 난민 수가 676만 1,560명(1위)으로 제일 많고, 그 뒤로 아프가니스탄 261만 67명(2위), 수단 80만 5,874명(6위), 소말리아 79만 22명(7위), 이라크 33만 5,060명(12위), 이란 13만 9,672명(21위), 팔레스타인 10만 1,036명(24위)을 차지하고 있다(statista 2020). 2011년부터 계속되고 있는 시리아 내전으로 최대 60만여 명이 사망하고 670만 명의 국내 실향민과 660만 명의 난민이 발생했다. '2020년 시리아 난민수용 국가 순위'를 살펴보면 튀르키예가 368만 5,839명

(1위), 레바논 85만 1,718명(2위), 요르단 66만 8,332명(3위), 이라크 34만 5,952명(5위), 이집트 13만 3,568명(6위), 수단 9만 3,490명(8위)으로 시리아 주변 국가들이나 아랍 난민수용에 적극적인 아랍 국가들이 많은 수의 시리아 난민을 수용하였다. 유럽 국가로는 독일이 가장 많은 61만 6,325명(4위), 스웨덴 11만 4,995명(7위), 오스트리아 5만 7,887명(9위), 그리스 3만 8,496명(10위), 네덜란드 3만 7,792명(11위), 프랑스 2만 3,510명(12위), 스위스 2만 43명(13위), 덴마크 1만 9,833명(14위), 불가리아 1만 9,014명(15위), 벨기에 1만 8,493명(16위), 노르웨이 1만 5,542명(17위), 스페인 1만 4,823명(18위), 영국 1만 1,412명(19위) 순이다(statista 2020). 시리아 난민수용국의 통계에서 알 수 있듯이 난민은 국경을 접한 주변 국가나 난민에게 관용과 복지정책이 이루어지는 유럽으로 유입되었다. 중동의 부유한 산유국들은 금전적 지원만을 행하고 난민수용에 소극적으로 대처하였으며, 바레인, 사우디아라비아, 아랍에미리트, 쿠웨이트에는 시리아 난민 정착촌조차 없는 실정이다.

한국에도 2018년 500여 명의 예멘 난민이 무사증 제도를 이용한 피난을 통해 제주도에 입국한 후 난민 신청을 해 사회적 이슈가 되기도 했다. 제주도 관광객 유치를 위한 무사증 제도가 본래의 목적과 달리 난민 유입에 이용되었고, 문화적으로 유사성이 낮은 이슬람권 난민이 단기간에 대규모로 유입되면서, 유럽 난민

사태와 엮여 한국에서도 난민과 이슬람에 대한 논란이 일었다. 결국 출입국 외국인 정책 본부는 2018년 6월 1일부터 예멘을 무비자 국가에서 제외했고, 제주도 내 예멘 난민에 대해서는 제주도를 벗어나지 못하게 하는 제한 조치를 실시했다. 2018년 12월 14일 발표된 최종 심사 결과에 따르면 제주 예멘인 난민 신청자 총 484명 중 인도적 체류 허가 412명, 난민 지위 부여 2명, 난민불인정 56명, 직권 종료 14명이다(법무부 출입국 외국인정책본부 2018).

아랍의 봄 이후 중동 난민에 대해 포용적 태도를 보였던 EU는 2014년부터 폭증하기 시작한 중동 난민에 대해 강경한 태도로 돌아섰다. 일부 회원국은 난민수용 쿼터제에 반발하고 국경폐쇄와 난민지원을 외면하기에 이르렀다. 2016년 EU는 튀르키예가 자국에 체류 중인 난민이 유럽에 유입되지 않도록 하는 조건으로 30억 유로를 지원하는 협약을 맺기도 했으나, 시리아 내전의 장기화로 튀르키예는 자국 내로 몰려드는 시리아 난민을 더는 수용할 수 없다며 유럽 쪽 국경을 개방하기에 이르렀다. 2020년 EU 집행부는 튀르키예가 난민 송환 협약을 지키지 않는다며 튀르키예를 비판하고 유럽의 관문인 그리스의 난민 대응을 적극 지원하게 되었다(김수완 2021, 144-145).

전례 없는 난민의 증가에 효율적으로 대응하지 못하며 '난민의 위기'가 대두되었다. 난민의 위기는 '난민들'의 위기가 아니라 난민을 수용할 수밖에 없는 '국가들'의 위기로 인식되면서 각 수용국들의 우파 정치인들은 난민 유입으로 인한 범죄율의 급증, 테러의 연계성, 복지 체제의 부담 등을 주장하면서 난민 문제를 급속히 정치화시키고 있다(이병하 2017, 205). 베츠Alexander Betts와 콜리어Paul Collier는 난민 위기의 원인을 국가의 취약성이라고 지적했다. 국가의 취약성이 현시화되어 대규모 폭력이 발생할 때, 폭력에 노출된 사람들은 출신국을 넘어 타국으로 도피하여 난민이 되며, 국경을 넘지 못하는 경우에는 국내 실향민이 된다. 취약한 국가가 초래한 무질서 상황이 난민 발생의 주요 원인인 것이다(이병하 2017, 206).

베츠와 콜리어는 국가 취약성의 원인을 다음의 다섯 가지로 정리하였다(이병하 2017, 205-209). 첫째, 냉전 종식으로 인해 '상호확증파괴(mutual assured destruction)'가 더 이상 유효하지 않게 되었다는 것이다. 냉전 체제하에서 상호확증파괴 전략으로 인해 미국과 소련의 우산 아래에 있던 국가들은 상대적으로 강한 국가 능력을 유지할 수 있었지만, 냉전 종식과 함께 국가의 취약성이 드러나게 되며 대규모 폭력 사태로 이어졌다. 둘째, '민주주의의 확산'이다. 그러나 민주주의가 정착되기도 전에 제도가 성급하게 도입됨에 따라 오히려 국가의 위기를 초래하고 있다. 선거 과정에서의 폭력 사태는 국가의 강압력을 약화시켜 리비아의 경우처럼 국가붕괴 사태가 발생했다. 셋째, 기술의 진보이다.

핸드폰과 소셜미디어의 발달로 일반 시민의 정치 참여가 증가하였고 아랍의 봄에서 나타나듯 젊은 층의 정치 참여를 활성화시켜 국가의 정치불안을 증가시켰다. 넷째, 국가의 취약성이 증가하는 시기에 천연자원의 가격이 지속적으로 상승했다는 점이다. 천연자원 가격 상승으로 반군들은 천연자원을 확보해 자신들의 세력을 강화하려는 유인동기가 늘게 되었고 이는 빈번한 내전의 발발로 이어졌다. 다섯째, 이슬람 원리주의다. 이슬람 원리주의가 테러리즘과 결합하여 상대적으로 약한 군사력을 가진 국가들의 취약성을 증가시켰다. 탈레반, 알카에다, IS는 이슬람 원리주의를 바탕으로 하고 있다.

난민 사태가 발생하면 국제 사회는 국제 난민레짐을 통해 적절한 대응책을 제공해야 하며, 일상적인 정치 과정에서 난민수용국 정부는 국제 사회의 인도적 원칙에 따라 난민에 대한 지원과 보호를 제공한다. 분쟁과 자연재해 등에 의해 삶의 터전을 떠나온 난민에게 주변 국가와 국제 사회는 기댈 수 있는 유일한 피난처로 이해된다. 국제 사회가 추구하는 난민 문제의 근본적인 해결 방안은, 국내 상황이 안정되어 위협의 근원이 사라짐으로써 자발적으로 귀환하는 것, 피난처를 구한 지역에서 새롭게 정착하는 것, 혹은 제3국으로 재정착하는 것이다. 이러한 해결을 위하여 난민수용국 정부와 국제 사회는 난민에 대한 지원과 보호를 위한 재정을 공동으로 부담하는 것을 원칙으로 한다. 그러나 난민수용국의 재정 상황이 악화되거나 테러와 같은 무차별적 공격이 빈번하게 발생하는 경우, 난민은 인도적 지원과 보호의 대상이라기보다는 국가의 안보를 위협하는 요인으로 인식된다(송영훈 2014, 222).

소수의 자발적 법적 난민의 이동과 달리, 분쟁, 자연재해 등으로 인한 대규모의 난민 이동은 난민수용국의 사회적·경제적 갈등을 유발하거나 증폭시킬 수 있는 잠재적 불안 요인이 될 수 있다. 대부분의 난민은 국제 사회의 인도적 지원이 필요한 전쟁과 자연재해의 희생양이다. 그러나 수용국가들이 상황에 따라 난민을 인도적 지원의 대상으로 인식하기보다는 국가 이익을 실현하기 위한 도구로 인식하기도 한다. 이는 난민 문제가 국제 정치의 과정과 결과에 영향을 미칠 수도 있기 때문이다. 또한 난민의 이동이 주변국의 안보에 부정적인 영향을 미치고, 내전이 장기화되고 국제화되는 경우 난민의 발생은 주변 국가의 안보 불안을 가중시키는 요인이 되어, 국가 간 적대 행위나 군사적 충돌을 유발시킬 수 있다(송영훈 2014, 202-203).

난민의 이동이 주변국의 안보불안을 확산시키는 주요 요인은 다음과 같다(송영훈 204-206). 첫째, 난민이주에 따라 수용국가는 난민에 대하여 인도적 지원과 공공서비스를 제공해야 하기 때문에 상당한 경제적 부담을 지게 된다. 만약 외부의 지원이 충분하지 않다면 난민은 지역 주민과 직장, 자원을 두고 경쟁을 하게 된다. 경제적 이주민과는 달리 강제이주에 의한 난민은 대체로 전쟁의 상흔 등으로 인하여 심리적 고통이 커서 경제활동에 어려움을 겪기 때문에 수용국의 GDP 성장을 저해하는 요인이 되기도 한다. 둘째, 난민의 대량 유입은 수용국의 공중보건에도 부정적인 영향을 미친다. 난민캠프는 난민의 과잉 수용으로 인해 위생 상태가 악화되기 쉽고, 전염병이 발생하기 쉬운 환경을 제공하기 쉽다. 난민의 대규모 유입으로 인하여 수용국 정부가 시민에게 제공할 보건 재정 및 서비스가 충분히 확보되기 어렵기 때문에 일반 시민에 대한 공중보건 서비스의 질적 저하가 발생하기도 한다. 그 결과 주변국에서 발생하는 분쟁과 그로 인한 난민이 주는 수용국의 공중보건을 악화시킬 뿐만 아니라 높은 영아사망률로 이어지기도 한다. 셋째, 유입되는 난민의 수가 증가할수록 난민이 정착하는 지역의 인적 구성에 변화가 발생하고 그에 따라 문화변용이 나타나는 것을 수용국 정부는 안보의 위협으로 인식하게 된다. 넷째, 난민은 수용국가에 있는 무장 단체의 활동에 직접적으로 가담하거나 간접적인 지원을 함으로써 수용국가의 안보와 안정을 위협하기도 한다. 그리고 난민의 대량 유입과 더불어 반군과 용병, 그리고 무기와 이데올로기 등도 함께 수용국으로 유입될 가능성이 높기 때문에 각국 정부는 난민 유입을 안보의 관점에서 통제하고자 한다. 따라서 난민의 이동은 비전통적 안보의 영역에서 수용국 내 지역안보와 난민의 인간안보에 집중되며, 전통적 안보의 영역에서 국가안보와 국제안보에도 많은 영향을 미치고 있다.

난민의 대량 이주는 국제 사회의 인도주의와 난민수용국의 난민 정책과의 갈등을 초래하게 된다. 난민 이동을 안보 문제로 인식하고 이들의 이동을 통제하기 위해 국경을 폐쇄하거나 출입국 절차를 강화하는 안보화 현상이 발생하였다. 9.11 이후 미국은 2001년 '애국법안Patriot Act'과 2005년 '신분증명법안Real ID Act'을 제정하여 미국의 국가안보에 위협이 될 수 있을 것으로 판단되는 이민신청자나 난민 신청자를 심사 절차에서 배제하고자 하였으며 법안의 모호한 규정을 확대해석해 내전과 전쟁, 정치적 박해의 희생자들이 미국으로 이주하는 것을 원천 봉쇄하는 수단으로 활용하였다(송영훈 2014, 207). 난민 문제의 안보화는 난민을 잠재적 테러리스트라는 부정적 이미지로 자국민에게 형성시키고, 일반적인 정치 과정에서는 국내외적 지지를 얻기 어려운 난민의 강제송환, 국경폐쇄, 난민캠프의 폐쇄 등을 위한 국내적 정당성 확보의 수단으로 이용되고 있다.

4. 결론

2015년을 전후해 정점에 달했던 아랍 난민 위기는 국제 사회의 책임 분담보다 국익을 우선시하는 국가들의 이기적 행태를 통해 국제 난민레짐의 한계를 명확하게 보여 준 바 있다. 특히 현행 국제 난민레짐의 발생지라 할 수 있는 유럽의 선진국들 가운데에서도 독일과 스웨덴 등 소수의 국가를 제외하면 대부분의 국가가 정도의 차이는 있겠으나 난민 보호에 대한 책임 분담을 회피하고자 하는 행태를 보였고, 이는 국제 난민레짐이 난민의 생명과 인권을 보호하기보다는 국가의 이익을 보장하는 데 경도되어 있음을 의미한다(최원근 2021, 14).

유럽 등 서방 국가들은 중동 무슬림 난민의 수용으로 인한 사회의 이슬람화 현상에 대해 우려하고 있다. 2015년 11월 파리 테러[9], 2016년 쾰른 집단 성폭행 사건, 2016년 브뤼셀 테러 사건, 2016년 니스 테러, 2017년 런던 지하철 폭탄 테러 등 넘쳐 나는 무슬림 테러 사건으로 난민에 대한 여론이 급격히 악화되었다. 또한 유럽에 정착한 무슬림 이주민 3, 4세대에 의한 테러, 시리아 내전에서 아사드 정권의 정부군 장교로 수천 명의 수감자를 고문, 학대한 감옥 책임자로 독일 법원에서 반인륜 범죄자로 종신

형을 선고받은 시리아 보안군 대령 출신의 시리아 난민, 시리아 내 IS 공격을 지시해 테러를 자행했다는 파리 연쇄 테러 사건의 IS 소속 테러리스트의 프랑스 법정 증언은 난민에 대해 관용적이었던 유럽 사회에 충격을 안겨 주었다. 서방 국가들에게 중동 난민 문제는 인도주의적 관점에서 벗어나 종교적 위협으로 인식되고 있다. 일부 유럽 국가들이 기독교인 난민만을 선별적으로 수용하거나 난민수용 절차의 강화, 난민 유입 차단을 위한 일시적 국경폐쇄, 이슬람 혐오 범죄, 반이민정서, 난민의 안보화 경향이 나타나고 있고, 이러한 흐름 속에서 난민 문제 모색의 실마리를 찾기는 더욱 어려워 보인다.

한국 정부는 1992년 난민협약을 비준하고 1994년부터 난민 지위 인정 심사를 시작하였다. 그러나 2000년 UNHCR의 상임이사국으로 선출되기 전까지는 단 한 건의 난민 지위 인정 사례가 없었고, 2001년에 처음으로 난민을 인정하였다. 이후 난민 지위 인정자 수는 꾸준히 증가하는 추세이나, 난민심사의 전문성과 독립성 부족, 오랜 시간이 소요되는 난민심사 절차, 강제송환금지 원칙에 대한 예외 규정의 존재 등 국제 난민보호의 문제점이 시민단체들에 의해 제기되어 왔다. 국제 사회에서 한국의 정치·경제적 위상이 높아지며 한국이 난민의 피난지로 인식되고 있다. 그러나 2018년 예멘 난민의 제주도 대거 유입 사례를 통해 보았듯이 한국은 난민수용에 소극적이고, 특히 무슬림 난민에 대한 부정적 여론도 상존하고 있다. 또한 2016년 수단, 예멘, 이집트, 시리아에 대한 환승비자제(C-3-10) 신설, 2018년 탑승 전 사전 확인제도 신설, 2021년 K-ETA 신설, 2018년 제주도 예멘 난민 사태 이후 수단, 시리아, 이라크, 팔레스타인 외에 소말리아, 예멘, 이집트가 제주도 무사증 입국 제외 국가에 추가되었다. 이러한 조치들은 국가안보를 위해 출입국을 통제하는 일련의 과정이며, 동시에 중동의 실패국가들로부터 중동 무슬림 난민의 대거 유입을 차단하는 효과도 있다. 국력의 성장과 함께 국제 사회에서 높아진 국가 위상은 국제 사회의 일원으로서 그에 걸맞은 권리와 책임을 요구한다. 이런 점에서 한국은 국격에 걸맞게 난민에 대한 보다 열린 자세와 포용력을 키워 나가야 할 것이다.

주석

1   튀니지 중부 도시 시디 부지드에서 실직 중이던 부아지지는 거리에서 과일과 채소 판매를 시작했고, 2010년 12월 17일 판매 허가가 없다는 이유로 경찰로부터 판매 물품과 저울을 몰수당하고 폭행을 당한다. 경찰의 부당함에 항의하기 위해 부아지지는 지방청사 앞에서 분신자살을 시도했고 2011년 1월 4일 사망한다. 이에 그의 가족과 지인들이 항의시위를 벌였고, 부아지지의 사촌이 촬영한 분신자살 동영상을 페이스북에 올리며 전 세계에 알려졌다.

2   1987년 11월 7일 무혈 쿠데타로 대통령에 취임하여 2011년 1월 14일 높은 실업률과 물가 상승에 의한 정권 퇴진 운동으로 대통령직을 사퇴하고 사우디아라비아로 망명, 2019년 젯다에서 암 투병 중 사망함.

3   리비아 사태 해결을 위한 국제협의기구로 미국, 유럽, 아랍권 30개국이 참여함.

4   이슬람교 쉬아파에 속하며 시리아 전체 인구의 약 1/7을 차지함. 순니파는 시리아 전체 인구의 2/3 이상을 차지함.

5   시리아 민주군(SDF)은 시리아 내전에서 ISIL 및 알누스라 전선에 대항하는 아랍인, 앗시리아인, 아르메니아인, 쿠르드인, 시리아 투르크멘인, 체르케스인, 체첸인 민병대의 연합조직이다. SDF의 목적은 "시간이 지남에 따라 참된 정의가 실현되는 민주적이고 상호의무적인 시리아를 만드는 것"으로 시리아 북부에서 활동한다. SDF의 주적은 ISIL로서 SDF는 알샤다다(al-Shadadah), 알하울(al-Hawl), 티슈린 댐

(Tishrin Dam) 등의 전략요충지에서 ISIL을 성공적으로 몰아냈다.

6   YPG(영어로는 People's Protection Units, 인민수호부대)는 시리아 내
     전에서 ISIL을 상대로 싸웠고, 2017년 10월 시리아 민주군(SDF)의 주
     도세력으로 미국의 지원을 받아 ISIL로부터 락까를 해방시켰다. 이 과
     정에서 세력이 커진 YPG는 쿠르드족의 독립을 반대하는 튀르키예와
     무력 충돌하였고, 튀르키예와 튀르키예가 지원하는 자유시리아(Free
     Syrian Army, FSA)군을 상대로 싸우고 있다.

7   하디 대통령은 후티 반군에 의해 대통령궁이 장악되고 가택연금되자
     2015년 1월 22일 대통령직을 사임했다. 한 달 후 그는 고향인 아덴으
     로 탈출해 사임을 번복하며 후티 반란을 쿠데타로 규정하고 비난했다.
     후티 반군이 아덴으로 진격하자 2015년 3월 25일 하디는 비밀리에 보
     트로 예멘을 탈출했다. 사우디아라비아의 지원군이 후티 반군 점령 도
     시를 탈환하기 시작하고, 지원 폭격 작전을 시작하면서 2015년 9월 하
     디는 다시 아덴으로 돌아왔다.

8   이란-이라크-시리아-레바논으로 이어지는 초승달 쉬아벨트, 이란-
     이라크-바레인-예멘-시리아-레바논으로 이어진 말발굽 쉬아벨트.

9   2015년 11월 13일(금) 오후 9시, 프랑스와 독일 축구 경기가 열린 경기
     장 밖에서 두 차례 자폭 테러를 시작으로 공연장, 식당, 거리 등 파리
     시내 여러 곳에서 4시간 동안 연쇄 테러가 벌어져 사망 130명, 중경상
     자 413명이 발생한 테러 사건이다. ISIL 테러범 10명에 의해 자행된 테
     러였다.

김남국(2006), 「유럽연합(EU)의 인권정책: 전쟁, 난민, 그리고 정체성」, 『2006년도 한국국제정치학회 학술대회 발표논문집』, 123-132.

김수완(2021), 「중동 난민을 바라보는 내부자적 시선: 시리아 난민 다큐멘터리 영화를 중심으로」, 『중동문제연구』 20(1), 137-162.

김재영, 「독일법원, 시리아 대령출신 난민에 반인류범죄 '종신형'」, 『뉴시스』(2022.01.13.).

김중관(2016), 「시리아 난민의 이주문제에 대한 분석: EU의 수용정책을 중심으로」, 『한국중동학회논총』 37(2), 21-46.

법무부 출입국 외국인정책본부(2018), 보도자료 "제주예멘 난민 신청자 심사결과 최종발표"(2018.12.14.). https://www.immigration.go.kr/immigration/1502/subview.do?enc=Zm5jdDF8QEB8JTJGYmJzJTJGaW1taWdyYXRpb24lMkYyMTQlMkY0Mzg2NTAlMkZhcnRjbFZpZXcuZG8lM0Y%3D (검색: 2022.07.05.)

박범종(2019), 「이주를 통한 지속가능한 개발이 가능한가: 지속가능개발 2030 어젠다를 중심으로」, 『국제정치연구』 22(2), 87-107.

서대성(2016), 「중동아프리카의 혁신적인 난민경제와 협력난민도시의 확립방안」, 『한국중동학회논총』 37(2), 47-72.

송영훈(2014), 「테러리즘과 난민문제의 안보화: 케냐의 난민정책을 중심으로」, 『국제정치논총』 54(1), 195-230.

이병하(2017), 「난민 위기의 원인과 해결책 그리고 환대의 윤리」, 『국제정치논총』 57(4), 199-236.

최원근(2021), 「아시아 난민보호와 시민사회의 대응」, 『국제정치논총』 61(1), 7-39.

IOM(2021), "World Migration Report 2020." https://publications.iom.int/system/files/pdf/wmr_2020.pdf (검색: 2022.07.05.)

Protection Cluster Yemen, "Task Force on Population Movement 6th Report"(Dec 10, 2015). https://www.humanitarianresponse.info/en/operations/yemen/protection (검색: 2022.07.05.).

statista, "Ranking of the largest Syrian refugee-hosting countries in 2020." https://www.statista.com/statistics/740233/major-syrian-refugee-hosting-countries-worldwide/ (검색: 2022.07.05.).

statista, "Regugees-major source countries worldwide as of 2020." https://www.statista.com/statistics/272999/refugees-by-source-country/ (검색: 2022.07.05.).

UNHCR. https://www.unhcr.org/ (검색: 2022.07.05.).

역사가 무기가 될 때: 아랍의 봄 이후 순니파 극단주의 조직과 종교 지도자들의 반쉬아파 담론

황의현
서울대학교

역사가 무기가 될 때: 아랍의 봄 이후
순니파 극단주의 조직과 종교 지도자들의 반쉬아파 담론

1. 아랍의 봄과 종파 갈등의 심화

2003년 미국의 이라크 침공과 바스^{Ba'ath} 정권 붕괴, 쉬아파 정권 수립은 중동 내 순니파와 쉬아파 간의 권력관계에 변화를 가져왔다. 친이란 성향의 이라크 쉬아파 정치인들과 무장 조직을 통해 이란이 이라크를 중심으로 중동 지역 내 영향력을 확대함에 따라 아랍 순니파 사이에서는 이란의 지원을 받은 쉬아파의 위협에 대한 위기감과 불안감이 고조되었다. 아랍 순니파 정치 지도자들 또한 이란과 쉬아파에 대한 불신을 드러내며 종파 간 긴장을 부추겼다. 2004년 압둘라 2세^{Abdullah II} 요르단 국왕은 이란이 걸프 지역에서 이라크, 레바논, 시리아까지 이어지는 '쉬아 초승달^{Shia Crescent}'을 구성해 아랍 순니파를 위협한다고 주장했으며 2006년 호스니 무바라크^{Hosni Mubarak} 당시 이집트 대통령은 아랍 쉬아파가 그들이 사는 나라가 아닌 이란에 충성한다고 발언하기도 했다. 2000년대 이후 쉬아파와 이란의 부상은 쉬아파에 대한 순니파의 불신과 불안을 촉발했고, 종파 문제가 다시 중동 정치에서 중요한 사안으로 부상하기 시작했다.

이처럼 종파 간 긴장과 대립이 고조된 상황에서 2011년 아랍 각국에서 퍼져 나간 민주화 운동인 '아랍의 봄'은 중동 정치 질서에 격변을 가져왔다. 이집트와 튀니지에서는 시민혁명이 정권을 축출했고, 리비아와 예멘에서는 정부와 반정부 세력 사이 벌어진 무력충돌의 결과, 수십 년간 집권하던 독재 정권이 무너졌다. 시리아에서는 평화적 시위가 전면적 내전으로 발전했으며 바레인과 사우디아라비아에서도 소외된 쉬아파를 중심으로 정치적 권리를 요구하는 시위가 일어났다.

아랍의 봄은 민주화를 요구하는 물결인 동시에 중동 내 정세 불안을 심화하는 요인이기도 했다. 21세기에 들어서면서 대립하기 시작한 사우디아라비아와 이란은 정치 변동에 따른 혼란을 이용해 중동 각국의 동맹 세력을 지원함으로써 상대를 견제하기 위한 대리전을 펼쳤다. 시리아에서는 이란의 지원을 받은 이라크 쉬아 민병대나 레바논 헤즈볼라Hezbollah와 같은 친親이란 쉬아 무장 조직이 정부군과 협력하여 반군과 대립했고, 이에 대응하여 사우디아라비아 등 걸프 국가가 반정부 세력을 지원하고 나서면서 시리아 민주화 운동은 사우디아라비아와 이란 사이의 대리전으로 확대되었다. 한편 시리아 내부의 정치적 혼란과 치안 공백 상황은 극단 이슬람주의를 표방하는 이슬람 국가Islamic State of Iraq and the Levant, ISIL가 성장할 수 있는 환경을 조성했고, 결국 2014년 ISIL은 이라크 제2의 도시 모술을 점령하고 칼리프국 건국을 선언하기에 이른다. 이처럼 아랍권의 민주화에 대한 기대 속에서 시작되었던 아랍의 봄은 정치적 혼란과 지정학적 긴장 고조, 이슬람 극단주의 조직의 성장을 초래했다. 이에 더해 아랍의 봄이 가져온 또 다른 결과는 바로 종파 갈등의 심화였다.

바레인과 사우디아라비아에서는 쉬아파가 주도하는 시위대를 두고 이란의 지원을 받는 하수인으로서 규정함으로써 쉬아파에 대한 순니파의 불신과 두려움을 자극하여 순니파를 중심으로 지지 세력을 결집하고자 했다. 한편 시리아에서는 알라위Alawites파에 속하는 바샤르 알아사드Bashar al-Assad 정권과 대다수 순니파로 이루어진 시위대가 세력 결집과 집권 정당화를 위해 종파 정체성을 이용하면서 시리아 내전을 정권과 반정부 세력의 충돌이 아닌 순니파와 쉬아파 사이의 종파 내전으로 바라보는 시각이 나타났다. 아사드 정권에 대한 투쟁은 불신자 알라위파에 대한 지하드가 되었고, 아사드 정권과 이란, 친이란 쉬아 무장 조직은 반정부 세력을 쉬아파의 생존을 위협하는 극단주의 세력으로 규정하고 반정부 세력 탄압을 정당화했다. 이처럼 순니파와 쉬아파 사이 갈등이 고조된 상황에서 등장한 ISIL은 극단적인 반쉬아주의를 표방하며 쉬아파에 불신과 두려움을 품은 이라크와 시리아 순니파의 지지를 동원하고자 했다.

아랍의 봄 이후 격화된 종파 갈등에서 역사적 기억은 중요한 위치를 차지한다. 쉬아파를 무슬림이 아닌 종교적 타자로, 무슬림 공동체의 배신자이자 이란의 하수인으로 규정하는 역사적 기억은 순니파 극단주의 조직과 종교 지도자들이 쉬아파에 대한 폭력 사용과 탄압을 정당화하는 수단을 제공했다. 이 글은 순니파 극단주의 조직과 종교 지도자들이 사용하는 담론을 분석하여 역사적 기억이 아랍의 봄 이후 어떻게 쉬아파를 공격하는 수단이 되었는지를 살펴본다. 이와 더불어 이 글은 반쉬아 담론 구성에 이용된 역사적 기억이 2000년대 이후 새롭게 구성된 것이 아닌, 오랜 세월 순니파 사이에 존재해 왔음을 밝히고자 한다. 순니파의 역사적 기억에 내재되어 있던 쉬아파에 대한 적대적 기억은 정치적 환경 변화와 결합하여 쉬아파에 대한 적의와 폭력, 탄압을 정당화하는 새로운 의미로 쓰이게 되었다.

2. 순니파 극단주의 조직의 반쉬아파 담론: ISIL의 사례

2003년 이라크 정권 교체가 만들어 낸 순니파와 쉬아파 사이

권력균형의 변화는 이라크 순니파 사이에서 위기감과 불안감, 그리고 쉬아파가 미국을 등에 업고 순니파의 권력을 강탈했다는 반감을 촉발하는 계기가 되었다. 이러한 상황에서 아부 무스압 알자르카위Abu Musab al-Zarqawi가 이끄는 순니파 극단주의 무장 조직 이라크 알카에다Al-Qaeda in Iraq, AQI는 노골적인 반쉬아 감정을 표방하며 이라크 순니파의 지지를 얻고 쉬아파에 대한 폭력을 정당화하고자 했다. 이를 위해 AQI는 미국과 이란의 지원을 받는 쉬아파가 이라크에서 순니파를 몰아낼 음모를 꾸민다는 선전을 펼쳐 쉬아파 정권 수립에 불만을 품고 있던 이라크 순니파의 호응을 이끌어 내고자 했다.

쉬아파에 대한 AQI의 적의는 선전에서 그치지 않고 실제 폭력으로 이어졌다. 2003년 8월 AQI는 쉬아 정치 지도자인 무함마드 바키르 알하킴Muhammad Baqir al-Hakim을 살해했으며, 2006년 2월에는 쉬아파의 10대 이맘[1]과 11대 이맘의 묘가 있는 사마라의 알아스카리 성묘聖廟를 공격해 파괴하기도 했다.

알자르카위가 구성한 쉬아파를 적대적 타자로 규정하는 담론은 쉬아파가 무슬림이 아닌 불신자이며 순니파 무슬림의 배신자라는 역사적 기억에 토대를 두고 있다. 2005년 알자르카위는 13세기 몽골 군대가 바그다드를 침공했을 때 쉬아파 재상 이븐 알알카미Ibn al-Alqami가 압바스 칼리프를 배신했듯이 2003년에도 쉬아파가 순니파 무슬림을 배신하고 미군의 바그다드 점령에 협조했다고 비난했으며, 이어 2006년에는 쉬아 이스마일파에 속하는 파티마 칼리프조를 무너뜨린 살라딘의 사례를 들며 불신자들에 맞서 승리하려면 먼저 쉬아파를 몰아내야 한다고 주장했다(Kazimi 2006, 53-54).

주목할 점은 알자르카위가 몽골의 바그다드 함락과 쉬아파 재상의 배신이라는 역사적 기억을 구성한 최초의 인물이 아니라는 점이다. 쉬아파 재상이 몽골군 지휘관 훌라구Hulagu와 내통하여 몽골군이 바그다드를 점령할 수 있도록 협조했다는 이야기는 동시대에 살았던 순니파 역사가 민하지 알시라지 주즈자니Minhaj al-Siraj Juzjani(1263년 사망)와 이븐 알사이Ibn al-Sai(1276년 사망)의 기록에서부터 등장한다(Neggaz 2013, 111). 주즈자니와 이븐 알사이에 따르면 쉬아파 재상 이븐 알알카미는 마지막 압바스 칼리프 알무스타심Al-Mustasim이 쉬아파를 탄압한 데 앙심을 품고 몽골군에 협력했다고 기록한다. 바그다드 함락과 쉬아파 재상의 배신에 관한 역사적 기억은 14세기의 순니파 법학자인 이븐 타이미야Ibn Taymiyyah(1328년 사망)에 의해 더욱더 진화한다.

이븐 타이미야는 이집트와 시리아를 지배하는 맘루크조와 몽골 후계국인 일칸국 사이의 대립이 고조되던 시기에 살았다. 일칸국의 올제이투Oljeytu가 쉬아파로 개종하자 이븐 타이미야는 쉬아파가 불신자이며 이슬람의 적이라고 선언함으로써 몽골인이 진정한 무슬림이 아니라고 주장했고, 일칸국에 대한 지하드를 정당화했다(김정명 2020, 51). 이븐 타이미야에게 이븐 알알카미의 배신은 쉬아파가 이슬람의 적이라는 점을 분명하게 보여 주는 사례였다. 이븐 타이미야의 해석을 거쳐 이븐 알알카미의 배신은 재상 개인의 양심에 따른 결과에서 무슬림의 적인 쉬아파가 순니파에 품은 깊은 증오와 악의를 상징하는 사건으로 확대된다(김정명 2020, 57-58). 이처럼 이븐 알알카미의 배신을 순니파에 대한 쉬아파의 적의의 근거로 제시하는 알자르카위의 담론은 이븐 타이미야의 해석에 토대를 두고 있다. 마찬가지로 살라딘에 관한 역사적 기억에서도 알자르카위는 이스마일파를 포함한 쉬아파가 십자군에 협력했다고 비난하며, 살라딘이 이집트에서 불신앙을 일소하고 이슬람과 샤리아를 바로 세웠다고 칭송하는 이븐 타이미야의 담론을 그대로 따르고 있다(김정명 2020, 58).

AQI의 후신 조직인 ISIL 또한 알자르카위의 반쉬아 담론을 계승한다. AQI와 마찬가지로 ISIL의 반쉬아 담론은 시리아 내전 발발 이후 종파 간 갈등이 고조되고 이란과 쉬아파의 위협에 대한 위기감이 성장한 상황을 반영하고 있다. 특히 ISIL의 선전 매체 『다비크*Dabiq*』는 ISIL이 어떻게 역사적 기억을 이용해 쉬아파를 지하드의 대상으로서 타자화하는지, 그리고 과거부터 순니파 내에서 존재해 왔던 역사적 기억이 어떻게 아랍의 봄 이후의 중동 정세라는 맥락 아래에서 재발견되는지를 보여 준다.

쉬아파의 배신이라는 역사적 기억은 『다비크』의 서사에서도 나타난다. 『다비크』에 따르면 알라피다al-rafidah, 즉 쉬아파는 몽골인을 지원하여 압바스 칼리프조를 무너뜨렸으며 몽골 군주를 도와 무슬림 군주들과 대립하고 십자군의 시리아와 팔레스타인 점령을 도왔으며 페르시아에는 사파비 왕조를 세워 순니파를 위협했다. 『다비크』는 순니파에 대한 쉬아파의 배신과 적의가 과거의 이야기가 아닌 현재에도 되풀이된다고 주장한다. 즉 과거에 쉬아파가 순니파를 배신하고 적대했듯이 2000년대 이후에도 미국의 이라크 침공에 호응하고 시리아와 예멘에서 순니파를 위협하고 있다는 것이 『다비크』의 논지다. 『다비크』의 서사에서 쉬아파는 무슬림 공동체가 겪은 모든 비극의 원흉이자 과거부터 현재까지, 그리고 미래에도 끝없이 순니파를 위협하는 영원한 적으로 그려진다.

알라피다는 우쓰만과 알리, 무아위야의 시대에 일어난 내분의 배후에 있다. 알라피다는 알후사인al-Hussain의 죽음의 배후에 있다. 알라피다는 소위 '파티마' 국가를 세워 압바스 칼리파에 대한 전쟁을 일으켰다. 그들은 압바스 칼리프들과 무슬림 군주들에 맞선 몽골을 도왔다. 그들은 시리아와 팔레스타인을 침략한 십자군과 프랑크인들을 도왔다. 그들은 사파위조를 세워 순나를 따르는 이들ahl al-sunnah에게 전쟁을 선포했다. 그들은 아프가니스탄과 이라크를 침략한 미국을 지원했다. 그들은 시리아에서 누사이리파 정권을 지원하고 예멘에서는 라피다Rāfidah 군벌국가를 세웠다. 그들은 닷잘의 깃발 아래 유대인과 함께할 때까지 무슬림을 상대로 계속 전쟁을 벌일 것이다(Dabiq, Jan 2016, 44).

ISIL은 또한 쉬아파가 무슬림의 적과 협력하는 배신자일 뿐만 아니라 무슬림으로도 볼 수 없는 불신자라고 주장한다. 이러한 주장의 토대에도 쉬아파의 기원에 관한 순니파의 역사적 기억이 있다. ISIL은 『다비크』 13호에 실린 「라피다: 이븐 사바에서 닷잘까지The Rāfidah: From Ibn Saba' to the Dajjāl」라는 기사에서 쉬아파 신앙이 압둘라 이븐 사바Abdullah Ibn Saba라는 유대인에 의해 만들어졌다고 주장한다. 이 기사에 따르면 쉬아 이슬람을 비롯한 이슬람 종파는 무슬림 공동체 내에 분란을 일으키고 칼리프 우쓰만Uthman에 대한 반란을 획책한 이븐 사바라는 인물이 꾸민 음모를 통해 형성되었다(Dabiq, Jan 2016, 33). 『다비크』는 또한 쉬아파가 믿는 마흐디mahdi가 닷잘dajjal, 즉 이슬람을 무너뜨리고자 하는 유대인의 거짓 메시아와 동일하다는 전승과 쉬아파와 유대교 사이 교리적 유사성을 주장하는 전승을 제시하며 쉬아파가 유대교에서 기원했다는 논지를 펼친다(Dabiq, Jan 2016, 34; Dabiq, Aug 2015, 17). 쉬아파 신앙을 일종의 유대교의 이단 신앙으로 규정한 ISIL은 쉬아파가 본래 무슬림이 아니기 때문에 기독교도와 유대인과 이교도와 협력하여 무슬림 공동체를 끝없이 위협하고 적대해 왔다고 주장하며, 쉬아파에 대한 폭력과 적의는 무슬림 공동체에 침투하여 무슬림을 위협하는 불신자에 맞선 지하드

라며 정당화한다(Dabiq, Jan 2016, 44-45).

이븐 알알카미의 배신에 관한 이야기와 마찬가지로 유대인 이븐 사바와 쉬아파를 연결하는 서사 역시 ISIL이 처음 제시한 것이 아니다. 이븐 사바에 관한 전승의 기원은 8-9세기까지 거슬러 올라간다. 무함마드 이븐 자리르 알타바리Mohammed Ibn Jarir al-Tabari(923년 사망)에 따르면 이븐 사바는 예멘 출신의 유대인으로, 알리Ali가 무함마드의 진정한 대리인이며, 칼리프 우스만은 알리에게 돌아가야 할 칼리프직을 찬탈했다고 주장하면서 반란을 선동했다(al-Tabari 1990, 145-145). 한편 8세기 연대기 저자인 사이프 이븐 우마르Sayf Ibn Umar는 이븐 사바가 부활과 같은 이단적 교리를 설파했으며, 무슬림 공동체를 약화시키기 위해 의도적으로 분란을 일으키고 칼리프 우스만 살해와 예언자의 교우들 사이의 갈등 조장과 같은 음모를 꾸몄다고 전한다(Korkmaz 2010, 247).

연대기 저자들의 기록에서 무슬림 공동체 초기에 활동한 반란자로 그려지던 이븐 사바에 쉬아파 교리의 창시자라는 역할을 부여한 인물은 이븐 타이미야였다. 이븐 타이미야는 "라피다(쉬아파)는 무슬림 공동체의 유대인이다"라는 8세기 전승학자인 아미르 알샤비Amir al-Shabi의 말을 인용하여 이븐 사바가 무슬림 공동체를 타락시키고 분란을 일으키기 위해 거짓으로 이슬람교로 개종한 뒤 이맘의 무오류성과 마흐디의 재림과 같은 쉬아파 교리를 만들어 냈으며, 바로 그러한 이유로 인해 유대교 교리와 쉬아파 교리 사이에 유사한 점이 많은 것이라고 주장했다. 이븐 타이미야에 따르면 예언자 무함마드가 알리를 후계자로 지명했다는 쉬아파 전승 또한 이븐 사바가 만들어 낸 것이었다(Hwang 2020, 125-126). 이처럼 ISIL은 이븐 사바를 매개로 쉬아파를 유대인과 관련 짓는 이븐 타이미야의 주장을 현재로 소환하여 쉬아파를 이단자이자 불신자로 간주하는 순니파의 역사적 기억을 재생산한다.

쉬아파가 무슬림이 아니라는 ISIL의 담론은 ISIL이 쉬아파를 가리켜 사용하는 알라피다라는 이름에서도 확인된다. '예언자의 교우들을 거부하는 종파'라는 의미를 가진 알라피다라는 명칭은 이미 8세기부터 사용되기 시작했다(Kohlberg, "Al-Rāfiḍa"). 예언자의 교우들이 알리에게 돌아가야 할 예언자의 후계자 자리를 찬탈했다는 역사적 기억을 가진 쉬아파들은 예언자의 교우들을 무슬림이 따라야 할 올바른 선례로 보기를 거부했으며, 심지어는 교우들을 공개적으로 저주하거나 비난하기도 했다. 예언자의 교우들이 뛰어난 도덕성을 지녔고 무슬림의 모범이 되는 인물들이라며 칼리프위 계승이 적법하게 이루어졌다고 기억하는 순니파 법학자들에게 쉬아파의 이러한 역사적 기억은 쉬아파가 진정한 무슬림이 아니라는 것을 의미했다. 이븐 타이미야와 같은 반쉬아 성향의 순니파 법학자들은 따라서 쉬아파를 무슬림이 아닌 알라피다라고 불렸고, ISIL 역시 이러한 전통을 계승했다. ISIL의 이러한 관점은 『다비크』 11권에 실린 「라피다의 마흐디: 닷잘The Mahdī of the Rāfidah: The Dajjāl」에서 분명히 드러난다.

> 라피다는 무슬림 공동체ummah에서 가장 뛰어난 예언자의 교우들을 포함하여 무슬림 대부분을 불신자라고 비난하기로 악명이 높다. 라피다는 칼리프들의 권위를 부정하고 심지어는 칼리프들과 그들의 무슬림 백성에 맞서 십자군 및 타타르인과 협력하기도 했다. [···] 불신자 라피다들은 카와리즈파와 카다리야파의 잘못된 믿음을 따르는 동시에 예언자의 가문을 숭배함으로써 쉬르크shirk[2]의 죄악을 저질렀고, 예언자의 교우들이 조작했다고 주장하며 코란과 순나를 받아들이지 않고, 예언자의 교우들과 믿는 이들의 어머니'Umm al Mu'minin를 불신자로 매도한다. (Dabiq, Aug 17, 2015)

역사적 기억을 통해 쉬아파를 불신자, 유대인의 한패, 무슬림의 배신자로 규정하는 ISIL의 담론은 순니파에게 쉬아파에 대한 적의를 고취하고 ISIL을 순니파의 유일한 보호자로서 강조함으로써 정당성과 지지를 확보하기 위한 것이다. ISIL의 지도자 아부 바크르 알바그다디Abu Bakr al-Baghdadi가 2016년 11월 2일에 한 설교는 ISIL의 반쉬아 담론이 추구하는 목표가 ISIL에 대한 순니파 지지 결집이라는 점을 분명히 보여 준다.

"이라크의 순니파들이여, 그대들은 정녕 모르겠는가? 그대
들은 치욕과 수치를 맛보고 이스라엘의 자손처럼 길을 잃었
구나. 매일 라피다들이 그대들에게 끔찍한 고통을 가하고 있
음을 모르는가? 라피다는 이슬람 국가에 맞서 전쟁을 일으킨
다고 주장하며 그대들의 땅을 약탈하고 있다. 라피다는 쫓겨
나기 전까지 그대들 중 남자는 죽이고 여성과 아이는 노예로
잡는다. 그대들은 순니파가 쫓겨난 이라크의 도시에 신께서
창조하신 피조물 중 가장 비열하고 이 지상 위에서 가장 사악
한 이들이 가득찬 것을 보지 못하는가? [⋯] 순니파들이여, 신
외에 그대들의 신앙을 지키고 위신을 세우며 힘을 북돋아 줄
수 있는 것은 오직 이슬람 국가, 감히 그대들의 명예에 손을
대려고 하는 저 하찮은 라피다와 사악한 누사이리파와 혐오
스러운 무신론자들 없이 영광 속에서 살거나 명예롭게 죽을
수 있는 국가뿐이다."[3]

3. 순니파 종교 지도자들의 반쉬아 담론: 바레인과 사우디아라비아의 사례

다른 걸프 국가와 다르게 쉬아파 인구가 많은 수를 차지하는 바레인과 사우디아라비아는 아랍의 봄 이전부터 종파 문제를 겪어 왔다. 1783년 알칼리파al-Khalifah 가문이 바레인을 점령하면서 바레인은 소수 순니파가 다수 쉬아파를 지배하는 정치질서가 형성되었다. 왕실과 긴밀한 관계를 맺은 순니파 부족은 왕실의 후원을 통해 경제적·정치적 이권을 확보한 반면, 쉬아파는 페르시아계 아랍인, 즉 아잠ajam으로 분류되어 바레인에 속하지 않는 타자로 간주되었다(Strobl 2018, 94-95). 1970년대 이후 알칼리파 왕실이 권력을 독점하고 시민의 정치 참여를 제한하면서 정치적 권리 확대를 요구하는 바레인 쉬아파와 왕실 사이의 갈등은 더욱 심화되었다.

사우디아라비아 쉬아파 역시 바레인 쉬아파와 마찬가지로 배제, 차별, 소외에 직면했다. 사우디 왕실의 통치 이념인 순니 와하비즘은 쉬아파를 불신자로 규정했으며, 압둘 아지즈 이븐 사우드Abdul Aziz Ibn Saud 초대 국왕에게 쉬아파 종교 의례를 금지시키고 쉬아파를 강제로 '이슬람'으로 개종시킬 것을 요구했다. 종교

계뿐만 아니라 알사우드al-Saud 왕실 또한 현지의 쉬아파 공동체에 지즈야jizya⁴를 부과하는 등 쉬아파를 무슬림으로 대우하지 않았다. 알사우드 왕실은 와하비 종교 지도자들의 강경한 반쉬아주의를 수용하지 않았지만, 쉬아파에 대한 법적·사회적·정치적 차별은 완전히 사라지지 않았다(Streinberg 2011, 170-175).

1979년 이란 혁명은 바레인과 사우디아라비아 쉬아파와 왕가 사이의 관계를 더욱더 악화하는 계기가 되었다. 쉬아 이슬람에 토대를 둔 혁명 이념에 영향을 받은 쉬아파가 정치 세력으로 부상하고 심지어는 무장 단체까지 조직하자, 바레인과 사우디아라비아 왕실은 쉬아 정치 세력을 이란의 지원을 받는 하수인으로서 순니파와는 다른 종교적 타자일 뿐만 아니라 국가안보와 주권을 위협하는 세력으로 규정하여 이에 대응했다. 이러한 전략은 쉬아 정치 세력에 대한 순니파의 불신과 반감을 자극하여 순니파와 쉬아파를 분열시키려는 목적에서 나온 것이었다(Wehrey 2014, 28-34).

바레인과 사우디아라비아 왕실은 아랍의 봄 이후 자국에서 촉발된 쉬아파 주도 시위에 대해서도 동일한 전략을 펼쳤다. 순니파 왕정 지배 아래에서 정치·사회적으로 배제되고 경제적 혜택 분배에서 소외감을 느껴 왔던 바레인과 사우디아라비아의 쉬아파는 아랍의 봄을 계기로 정치적 자유와 권리, 개혁을 요구하는 시위를 개시했다. 쉬아파의 주도로 촉발된 시위에 대응해 바레인과 사우디아라비아 왕가는 시위대를 쉬아 종파 정체성에 따른 종파주의적 운동으로 규정하여 순니파의 불안과 위기감을 자극하는 전략을 내세웠다. 바레인과 사우디아라비아 왕실은 쉬아파 시위대와 정치 조직이 이란의 지원을 받아 걸프 국가의 주권과 안보, 순니파의 생존과 안위를 위협하는 종파주의적 세력이라고 비난하고, 시위대를 국가안보를 위협하는 세력으로 규정함으로써 강압적인 시위 진압과 쉬아파 야권 인사에 대한 탄압을 정당화했다. 이를 통해 바레인과 사우디아라비아 왕실은 순니파와 쉬아파를 분열시켜 시위 운동의 동력을 약화시키는 한편, 쉬아파와 이란의 영향력 확대에 위기감을 느낀 순니파를 왕실 지지 세력으로 동원할 수 있었다(al-Rasheed 2017, 150; Matthiesen 2017, 208).

바레인과 사우디아라비아 종교 지도자들의 반쉬아 담론은 아랍의 봄 이후 쉬아파에 대한 순니파의 반감과 불신이 고조된 상황을 반영하며, 순니파와 쉬아파를 분열시키기 위한 걸프 왕정의 전략이 종교계에서도 수용되고 지지받았음을 시사한다. ISIL와 마찬가지로 종교 지도자들 역시 순니파 내에서 오랫동안 존재해왔던 역사적 기억을 동원해 반쉬아 담론을 구성했으며, 이러한 이유로 종교 지도자들의 담론은 ISIL의 담론과 유사성을 지닌다. 종교 지도자들은 ISIL과 달리 쉬아파에 대한 폭력을 선동하거나 공개적으로 테러 행위를 지지하지 않지만, 이들이 제시하는 담론은 반쉬아주의가 소수의 순니파 극단주의 세력에 국한된 것이 아님을 보여 준다. 오히려 종교 지도자들의 반쉬아 담론은 공식 석상에서의 설교와 연설, 관영 언론의 칼럼, 웹사이트, 유튜브, 소셜 미디어 등 다양한 수단을 통해 대중에 전달된다는 점에서 극단주의 조직의 반쉬아 담론보다 더욱 강한 파급력과 대중적 영향력을 가지고 있다고 할 수 있다. 또한 정부 통제 아래에 있는 제도권 종교계에 속한 종교 지도자 또한 반쉬아 담론 구성과 유포에 동참하고 있으며, 이는 반쉬아 담론이 걸프 왕정의 암묵적인 지지를 받고 있다는 의미로 해석할 수 있다.

ISIL과 마찬가지로 쉬아파의 배신이라는 주제는 순니파 종교 지도자들의 반쉬아 담론에서 중요한 위치를 차지한다. 리야드의 이맘 무함마드 이븐 사우드 이슬람대학교 교수인 술라이만 이븐 하마드 알아우다Sulayman Ibn Hamad al-Awdah는 2012년 설교에서 역사가 반복되고 있다고 주장하며 시리아 알아사드 정권의 순니파 반정부 세력 탄압을 몽골군의 침략과 이븐 알알카미의 내통과 동일시했다.[5] 그에 따르면 13세기 쉬아파가 몽골군을 도와 순니파를 살해하고 압바스 칼리프조를 무너뜨렸듯이, 쉬아 알라위파 정권 또한 시리아에서 순니파를 살해하고 있다. 한편 바레인의 압드 알라흐만 알파딜Abd al-Rahman al-Fadil은 2016년 설교에서 페르시아와 쉬아파를 동일시하며 바레인과 걸프 국가에 대한 이란의 위협이, 쉬아파 페르시아인이 아랍과 무슬림을 위협해 온 역사의 연속선에 있다고 주장했다. 알파딜에 따르면 이븐 알알카미의 배신 또한 아랍과 무슬림에 대한 쉬아파 페르시아인들이 꾸민 음모 중 하나였다.[6] 2018년에는 알파딜은 이븐 알알카미의 배신이 이슬람 문명의 붕괴와 순니파의 죽음을 가져왔다고 설교하기도 했다.[7]

순니파 종교 지도자들의 반쉬아 담론에서는 십자군 전쟁 또한 쉬아파가 순니파 무슬림을 적대하고 배신해 온 역사적 사례로 제시된다. 쉬아 이스마일파 파티마 왕조가 무슬림을 배신하고 십자군과 협력했다는 역사적 기억은 13세기 순니파 역사가인 이븐 알아시르Ibn al-Athir(1233년 사망)의 기록에 토대를 둔다. 이븐 알아시르는 파티마 칼리프조가 셀주크 세력을 견제하기 위해 십자군의 시리아 정복을 지원했다고 기록한다(Ibn al-Athir 2016, 13-14). 이러한 역사적 기억은 아랍의 봄 이후 사우디아라비아와 바레인의 순니파 종교 지도자들의 반쉬아 담론에서 그대로 반복된다. 사우디아라비아의 이브라힘 이븐 무함마드 알후카일Ibrahim Ibn Muhammad al-Huqayl은 십자군이 이스마일파 파티마 칼리프조의 배신 덕분에 예루살렘을 점령할 수 있었다고 주장하며[8], 맘두흐 알하르비Mamduh al-Harbi는 니자리 이스마일파가 성전기사단과 함께 살라딘이 이끄는 무슬림에 대항했다고 말한다.[9] 압둘 알라흐만 알파딜 역시 '라피다 파티마 국가'의 지원을 받은 십자군이 시리아와 이집트를 점령했다는 역사적 기억을 제

시한다.[10]

반면에 살라딘은 십자군에서 예루살렘을 탈환한 영웅일 뿐만 아니라 이집트와 시리아에서 파티마 칼리프조를 몰아내고 순니파 이슬람을 다시 세운 영웅으로 칭송된다. "배신하고 무슬림을 살해하는 이스마일파가 무슬림에게 더 큰 위협이었기 때문에 누르 알딘과 살라딘은 십자군에 맞서 싸우는 것보다 이집트와 시리아에서 이스마일파를 몰아내는 것에 더욱 열성적이었다"는 알 후카일의 주장은 불신앙을 일소하고 이슬람과 샤리아를 다시 세운 인물로서 살라딘을 칭송하는 이븐 타이미야의 해석과 일치한다.[11]

이븐 사바가 쉬아파 교리의 창시자라고 주장한 사우디의 저명 종교 지도자인 무함마드 이븐 알우사이만Muhammad Ibn al-Uthayman(2001년 사망)과 같이, 쉬아파가 무슬림이 아닌 유대인 이븐 사바가 만들어 낸 교리를 따르는 불신자라는 주장은 아랍의 봄 이전부터 순니파 종교 지도자 사이에서 존재했다.[12] 이러한 주장은 다시 인터넷을 통해 유포되기 시작했다. 쉬아파의 기원이 이븐 사바이며, 예언자의 교우들을 적대하는 쉬아파는 무슬림이 아니라고 주장한 사우디 고위 울라마 위원회 위원인 살리흐 알파우잔Salih al-Fawzan의 설교와 발언 또한 아랍의 봄 이후 다시 주목받기 시작했다.[13]

쉬아파와 이븐 사바의 관련성에 관한 담론은 아랍의 봄 이후 종교 지도자들의 반쉬아 담론을 공고히 하는 주요 주제 중 하나다. 킹사우드 대학교 교수를 역임했던 무함마드 이븐 압둘 알라흐만 알아리피Muhammad Ibn Abdul al-Rahman al-Arifi는 초창기 쉬아파가 이슬람교로 개종한 조로아스터교도, 유대교도, 기독교도였으며 알리를 신으로 선포하고, 예언자의 교우들을 알리의 찬탈자라고 모욕함으로써 진정한 이슬람교의 가르침에 위배되는 교리를 설파한다고 밝힌다.[14] 맘두흐 알하르비 또한 이븐 사바가 쉬아파와 유대인이 오랫동안 서로 결탁하고 협력해 왔음을 보여 주는 증거라고 제시한다.[15] 한편 바레인의 하산 알후사이니Hasan al-Husayni는 순니파 전승과 역사 기록을 근거로 초기 무슬림 공동체 내에 발생한 내분의 원인이 바로 이븐 사바가 꾸민 음모에 있었다고 강조한다.[16] 아딜 하산 알하마드Adil Hasan al-Hamad는 유대인이 쉬아파의 뿌리로서 유대교와 쉬아파 교리 사이에 유사성이 있다고 주장했다.[17]

쉬아파 신앙의 기원을 이븐 사바에서 찾는 역사적 기억은 쉬아파가 아랍인과도 다른 민족적 타자라는 주장으로 확대된다. 쉬아파와 이란(페르시아) 사이의 긴밀한 역사적 관계는 순니파 종교 지도자들이 아랍 쉬아파를 진정한 아랍인이 아닌 이란의 하수인으로 비난하는 근거가 되었다. 이러한 관점에 따르면 쉬아파가 순니파에 적의를 보이는 이유는 바로 그들이 유대인이 만들어 낸 이단 신앙을 따르는 불신자일 뿐만 아니라 아랍인에 적의를 품고 있는 페르시아인이기 때문이며, 쉬아파는 이슬람을 타락시키기 위한 유대인과 마주스majus, 즉 조로아스터교도 페르시아인이 합작해서 꾸민 음모의 결과다.

이러한 주장은 이미 이란 혁명 직후인 1981년에 출판된 압둘라 무함마드 알가립Abdullah Muhammad al-Gharib의 『그리고 마주스의 차례가 왔다wa jaa dawr al-majus』라는 책에서 제기된 바 있다. 시리아 무슬림 형제단 출신으로 사우디아라비아에서 이슬람법학 교수를 역임한 것으로 추정되는 알가립은 쉬아파가 페르시아 조로아스터교에 토대를 둔 불신앙이며, 조로아스터교도 페르시아인이 페르시아 제국을 무너뜨린 아랍인에 적의를 품고 무슬림을 약화시키기 위해 거짓으로 개종하여 쉬아파를 창시했다고 주장한다. 알가립에 따르면 쉬아파와 페르시아인이 오랜 역사에 걸쳐 무슬림 사이에 분란을 조장하고 무슬림의 적과 협력하여 순니파를 위협해 왔다. 쉬아 파티마 칼리프조와 사파비조의 수립, 이븐 알알카미의 배신과 이스마일파와 십자군 사이의 협력 모두 쉬아파 페르시아인이 꾸민 음모의 결과였다(Kazimi 2006, 56-57).

아랍의 봄 이후 순니파 종교 지도자들이 구성한 반쉬아 담론에서도 알가립의 주장이 남긴 영향을 찾아볼 수 있다. 한 예로 바레인의 잘랄 알샤르키Jalal al-Sharqi는 쉬아파가 "위선자, 불신자이자 무슬림 공동체에 숨어든 배신자이며 페르시아계 유대인인 이븐 사바의 추종자이자 조로아스터교도와 이란의 동맹자"라고 비난했으며[18], 이라크의 타하 알둘라이미Taha al-Dulaymi는 이븐 사바가 유대인이 아닌 페르시아인이었다는 기록을 인용해 쉬아파는 페르시아인이 만들어 낸 종교이며, 순니파 무슬림의 진정한 적은 유대인이 아닌 페르시아인이라고 주장했다.[19] 알아리피는 아랍 군대가 페르시아군을 무찌른 카디시야 전투의 패배에 원한을 품은 페르시아인이 이슬람교를 타락시키기 위해 쉬아파 신앙을 만들어 냈으며, 쉬아파는 따라서 "마주스와 이븐 알알카미의 자손들"이라고 주장한다.[20]

아랍 쉬아파가 순수한 아랍인이 아닌 아랍 순니파의 적이라는 종교 지도자들의 반쉬아 담론은 쉬아파를 지칭하는 명칭에서도 드러난다. 조로아스터교도를 의미하는 마주시majusi, 페르시아를 의미하는 파르시farsi와 더불어 순니파 종교 지도자들의 반쉬아 담론에서 쉬아파를 지칭하기 위해 널리 사용되는 표현은 바로 사파위safawi다. 쉬아파를 국교로 선포하고 순니파를 대대적으로 개종시켜 이란을 오늘날과 같은 쉬아파 국가로 만든 사파위 왕조의 명칭을 아랍 쉬아파를 지칭하는 데 사용함으로써 순니파 종교 지도자들은 쉬아파가 종교적 타자이자 민족적 타자로서 아랍 순니파의 적이라는 담론을 구축한다.

쉬아파를 순니파의 적, 이란의 하수인으로 바라보는 역사적 기억은 순니파 종교 지도자들이 아랍의 봄 이후 중동 정세를 이해하는 특정한 시각을 형성한다. 이에 따르면 쉬아파가 주도하는 시위와 쉬아파 정치 세력의 활동은 아랍 순니파 무슬림을 위협하고 중동에 쉬아파 패권을 세우기 위해 이란과 쉬아파가 추구하는 계획의 한 부분이다. 사우디아라비아의 압둘 아지즈 알투르키Abdul Aziz al-Turki는 2015년에 이란과 쉬아파가 레바논, 시리아, 예멘, 이라크를 장악했으며, 이제는 이란에 충성하는 바레인 쉬아파를 통해 바레인까지 위협하고 있다고 경고했다.[21] 이와 같은 관점에서 바레인의 순니파 종교 지도자들은 2011년 바레인 쉬아파 시위를 '조로아스터교도 사파위 페르시아'를 따르는 쉬아파들이 바레인을 쉬아파 국가로 만들기 위해 벌인 음모로 해석한다.[22] 마찬가지로 2011년 2월 19일 바레인에서 처음 시위가 시작되자 사우디아라비아의 종교 지도자 13명은 시위가 "아라비아 걸프 지역을 장악하고 페르시아 초승달을 만들고자 하는 조로아스터교도 사파위 세력의 전위대"가 일으킨 시위라고 발표하며 사파위 세력의 세력 확장 전략인 시위에 참여해서는 안 된다고 순니파에게 촉구했다.[23] 사우디아라비아의 아흐마드 이븐 압둘 알라흐만 알카디Ahmad Ibn Abdul al-Rahman al-Qadi 또한 바레인과 사우디아라비아 쉬아파 시위의 궁극적인 목적이 과거 카르마트파, 이븐 알알카미, 파티마 칼리프조와 마찬가지로 순니파 왕정을 타도하고 바레인과 아라비아반도에 쉬아파 국가를 세우는 것이라고 주장했다.[24]

이들 종교 지도자들은 결코 '소수 극단주의자'들로 치부할 수 없는 영향력을 가지고 있다. 이들은 대학교의 이슬람학 관련 전공 교수나 제도권 종교계의 임원, 또는 설교자로서 활동하며, 이들이 운영하는 SNS 계정은 최소 수만에서 최대 수백만에 달하는 수의 팔로워를 가지고 있다. 이들의 발언은 위성 채널이나 신문, TV 인터뷰와 같은 언론 매체와 인터넷을 통해 수많은 대중에게 아무런 제재 없이 전달되고 있다. 반쉬아 담론은 ISIL과 같은 소수 극단주의 세력에 국한된 현상이 아니다.

4. 결론

2000년대 이후 격화된 중동의 종파 갈등은 1,400년간 이어진 순니파와 쉬아파 사이의 끝없는 대립의 연속이 아니다. 이라크 정권 교체와 이란의 영향력 확대, 아랍의 봄에 따른 아랍 각국의 정치적 혼란 등이 순니파와 쉬아파 사이 관계 악화의 주요 요인이다. 이에 더해 반정부 운동에 대응하여 종파 정체성을 정치적 수단으로 사용한 정권의 전략은 종파 간 상호 불신과 적의를 키우는 데 일조했다. 사우디아라비아와 이란의 지정학적 대립 또한 종파갈등 심화를 촉발했다. 쉬아파의 맹주를 자처하는 이란은 쉬아파를 보호한다는 명분 아래 이라크와 시리아에 대한 개입을 정당화했고, 이에 맞서 사우디아라비아는 이란의 영향력 확대를 순니파의 생존에 대한 종파주의적 위협으로 규정하여 아랍 순니파의 지지를 동원하고자 했다. ISIL과 같은 극단적인 반쉬아주의를 표방하는 무장 조직의 등장은 이슬람에 본질적으로 내재되어 있는 폭력성이 아닌 2000년대 이후 중동의 이러한 정세 변화가 가져온 결과였다. 이란과 사우디아라비아, 걸프 왕실과 순니파 극단주의 무장 조직과 같은 행위자들의 역할은 2000년대 이후 중동의 종파갈등을 설명하는 데 있어 간과할 수 없는 요인이다.

그러나 행위자들이 아무것도 없는 공백 상황에서 종파 간 상호 불신과 적의를 만들어 내는 것은 아니다. 이븐 사바에 관한 신화, 이븐 알알카미의 배신, 쉬아파와 이란 사이의 역사적 관계와 같은 타 종파에 적대적인 역사적 기억은 최근에 새롭게 만들어진 것이 아닌, 행위자들이 동원하기 전부터 이미 순니파가 가진 역사적 기억 내에 존재해 왔다. 앞선 분석이 보여 주듯이 ISIL과 순니파 종교 지도자들 같은 종파 정체성을 수단화한 행위자들은 이처럼 기존에 존재하는 역사적 기억을 동원해 쉬아파를 종교적·민족적 타자로 규정하는 반쉬아 담론을 구성했다. ISIL과 순니파 종교 지도자들은 쉬아파의 기원과 배신에 관한 역사적 기억을 현재로 소환하여 쉬아파를 타자로 배척하는 담론으로 재구성한 것이다. 2000년대 이후 중동 정세의 변화는 반쉬아 담론이 구성될 수 있는 환경을 조성했고, 역사적 기억은 반쉬아 담론을 위한 재료를 제공했다. 종파갈등을 체계적이고 포괄적으로 설명하기 위해서는 정세 변화라는 배경 요인, 행위자의 수단화와 동원이라는 직접적 요인, 그리고 담론 구성에 필요한 역사적 기억이라는 요인을 모두 고려할 필요가 있다.

또한 반쉬아 담론은 ISIL과 같은 극단주의 무장 조직만의 전유물이 아니다. 앞서 보았듯이 제도권 종교계 안팎의 종교 지도자들 또한 정부의 묵인 아래 역사적 기억을 이용해 쉬아파를 적으로 그려 내는 담론을 구성하고 대중에게 전달하고 있다. 정치 지도자뿐만 아니라 종교계에서도 쉬아파에 적대적인 역사적 기억을 재발견하고 이를 토대로 반쉬아 담론을 구성하는 자발적인 움직임이 나타난다는 것은 아랍의 봄 이후 쉬아파에 대한 반감과 적의가 일방적으로 정치 지도자가 조장하고 인위적으로 만들어낸 결과도, 소수에 국한된 현상도 아님을 시사한다.

정체성과 역사적 기억은 공동체의 호응과 지지가 있을 때 정치적 수단으로서 의미가 있다. 쉬아파를 적대하는 역사적 기억이 존재하지 않고 수용되지 않는다면 역사적 기억을 토대로 쉬아파를 타자화하는 담론도 영향력을 가질 수 없다. 순니파와 쉬아파의 차이 그 자체가 갈등의 원인은 아니지만, 종파 정체성에는 역사적 기억이라는 형태로 타자에 대한 불신과 적의가 내재되어 있음을 부정할 수도 없다. 동시에 순니파 정체성에 잠재되어 있던 쉬아파에 대한 적의와 불신은 아랍의 봄이라는 정치적 변화가 없었다면 깨어나지 않았을 것이다. 2000년대 이후 중동의 종파 갈등은 이처럼 정체성과 정체성을 둘러싼 환경 사이의 복잡한 상호작용이 만들어 낸 결과다.

주석

1 쉬아파는 예언자의 사촌이자 사위인 알리 이븐 아비 탈립(Ali Ibn Abi Talib)과 그의 자손들을 무슬림 공동체의 진정한 지도자, 즉 이맘(Imam)이라고 여긴다. 알리를 포함하여 총 12명의 이맘이 있으며, 쉬아파는 마지막 이맘인 열두 번째 이맘이 현재 은둔 중이며 심판의 날에 다시 돌아올 것이라고 믿는다.

2 신 이외의 다른 대상을 믿는 행위 혹은 다른 대상을 신과 동격으로 두는 행위.

3 Kyle Orton, "Abu Bakr al-Baghdadi Calls for the Islamic State to Stand Firm in Mosul," *Kyle Orton's Blog* (Nov 11, 2016). https://kyleorton.co.uk/2016/11/11/abu-bakr-al-baghdadi-calls-for-the-islamic-state-to-stand-firm-in-mosul/ (search: 2022.08.18.).

4 비무슬림이 납부하는 인두세.

5 Sulayman bin Hamad al-Awdah, "Hulaku am al-Tatar al-Judud? Suriya al-Jarihah Tastaghith," *Tariq al-Islam* (Feb 24, 2012). http://iswy.co/e4rqj (search: 2022.08.18.).

6 Akhbar al-Khaleej(Jul 16, 2016), "Al-Duktur Abd al-Rahman al-Fadil fi Khutbat al-Jumah: Tarikh al-Fars al-Safawiyyin Halik al-Sawda min al-Khiyanah wa al-Taamur didda Ummatna fahal Nusari ila al-Wahdah al- Khalijiyyah al-Wajibah wa al-Hatmiyyah?" http://akhbar-alkhaleej.com/news/article/1028846 (search: 2022.08.18.).

7   Akhbar al-Khaleej(Jul 07, 2018). "Al-Duktur Abd al-Rahman al-Fadil
     fi Khutbat al-Jumah: Alaysat Asbab Ijtiyah al- Mughul li-Baghdad···
     Hiya Nafsuha Asbab Ihtilal al-Safawiyyin li-Duwwalna al-Arabiyyah
     al-An." http://akhbar-alkhaleej.com/news/article/1128704 (search:
     2022.08.18.).

8   Ibrahim bin Muhammad al-Huqayl, "Min Afal al-Batiniyyin bil-
     Muslimin," *Tariq al-Islam*, (May 12, 2013). http://iswy.co/e10lvj
     (search: 2022.08.18.).

9   Mamduh al-Harib, "Fursan al-Haykal," YouTube, (Aug 24, 2017).
     https://www.youtube.com/watch?v=058XSwOHQpU (search:
     2022.08.18.).

10   Akhbar al-Khaleej(Jul 16, 2016), "Tarikh al-Fars."

11   Al-Huqayl, "Min Afal al-Batiniyyin bil-Muslimin."

12   YouTube(Jul 19, 2013), "Qissat Ali Radi Allahu Anhu Ma Abdullah Ibn
     Saba al-Yahudi." https://www.youtube.com/watch?v=dPV8_eRtHUk
     (search: 2022.08.18.).

13   YouTube(Nov 02, 2019), "Salih al-Fawzan: Ma hiya Firaq al- Shiah
     wa Kayfa Zaharat wa Mata Zaharat wa Man Assasha? Wa Qissat
     Tahriq Qumbur al-Shiah bil-Nar." https://www.youtube.com/
     watch?v=aED0AaJliUw&t=94s (search: 2022.08.18.); YouTube(Apr
     18, 2013), "Ma Hukm Min Lam Yukaffir al-Rafidah – Al-Allamah
     Salih al-Fawzan Hafazahu Allah." https://www.youtube.com/
     watch?v=Y9Nmt5IXYmI (search: 2022.08.18.).

3장 역사가 무기가 될 때: 아랍의 봄 이후 순니파 극단주의 조직과 종교 지도자들의 반쉬아파 담론

109

14 YouTube(Sep 24, 2018), "Al-Farq bayna al-Sunnah wa al-Shiah Muhammad al-Arifi." https://www.youtube.com/watch?v=qz6z4YPmFv8 (search: 2022.08.18.).

15 Mamduh al-Harbi, "Al-Alaqah bayna al-Shiah wa al-Yahud," *YouTube* (Jun 10, 2016). https://www.youtube.com/watch?v=Di95Nrdi1Fg (search: 2022.08.18.).

16 Hasan al-Husayni, "Fitnat Ibn Saba Hal Samiataha min Qabl: Ayam Uthman 26," *YouTube* (Jun 15, 2018). https://www.youtube.com/watch?v=ZhFNgMM09TY (search: 2022.08.18.).

17 Bahrain Mirror(Nov 17, 2014), "A terrorist at Al-Nosf Mosque: 'Fight against the Shiites who are the Jews of this nation.'" http://bahrainmirror.com/en/news/20326.html (search: 2022.08.18.).

18 YouTube(Apr 28, 2015), "Jalal al-Sharqi li-Hukkam al-Khalij: Amilu al-Shiah bi-Quswah Fa-hum min Ahl al-Nar bil-Nass wa al-Dalil." https://www.youtube.com/watch?v=F7-E0TIRocY (search: 2022.08.18.).

19 Taha al-Dulaymi, "Al-Mughirah bin Said am Abdullah bin Saba?" *Al-Tayyar al-Sunni fi al Iraq* (Sep 09, 2016). https://sunni-iraqi.net/2016/05/03/%d8%a7%d9%84%d9%85%d8%ba%d9%8a%d8%b1%d8%a9-%d8%a8%d9%86-%d8%b3%d8%b9%d9%8a%d8%af-%d8%a3%d9%85-%d8%b9%d8%a8%d8%af-%d8%a7%d9%84%d9%8-4%d9%87-%d8%a8%d9%86-%d8%b3%d8%a8%d8%a3-%d8%9f/#post-3835-footnote-5 (search: 2022.08.18.).

20   Muhammad bin Abd al-Rahman al-Arifi, "Min Aqaid al-Rafidah, 5-6," *Tariq al-Islam* (Jan 22, 2007). http://iswy.co/e2abh (search: 2022.08.18.).

21   Abd al-Aziz al-Turki, "Al-Mashru al-Shii…Kayfa Tahawalat al-Kharafah ila al-Waqi?" *Al-Bayan* (Oct 14, 2015). http://www.albayan. co.uk/MGZarticle2.aspx?id=4674 (search: 2022.08.18.).

22   Majalat al-Bayan(Jun 29, 2011), "Hiwar Ma al-Shaykh al-Duktur "Adil al-Hamad" Abraz Mashaykh Ahl al-Sunnah fi al-Bahrain." http://www.albayan.co.uk/Article2.aspx?id=1105 (search: 2022.08.18.); Akhbar al-Khaleej(Oct 08, 2011), "Al-Duktur Abd al-Rahman al-Fadil: Laysa Amama al-Dawlah illa Tatbiq al-Qanun, al-Shab Lam Yahtamilu al-Fawda wa al-Takhrib." http://media. akhbar-alkhaleej.com/source/12251/pdf/3-MAIN/7.pdf (search: 2022.08.18.); Akhbar al-Khaleej(Apr 27, 2013), "Al-Duktur Abd al-Rahman al-Fadil fi Khutbat al-Jumah: Al-Wahdah al- Khalijiyyah…. Yathamu al-Maqsurun fiha wa al-Mutabatiun anha." http://www. akhbar-alkhaleej.com/12818/article/21124.html (search: 2022.08.18.); Akhbar al-Khaleej(Jul 16, 2016), "Tarikh al-Fars."

23   Tariq al-Islam(Feb 20, 2011), "Bayan Hawla Ahdath al-Bahrain." http://iswy.co/e4bo7 (search: 2022.08.18.).

24   Ahmad bin Abd al-Rahman al-Qadi, "Al-Rafidah wa Rukub al-Mawjat," *Tariq al-Islam* (Apr 06, 2011). http://iswy.co/e4bv1 (search: 2022.08.18.).

김정명(2020), 「이븐 타이미야가 순니파 이슬람 무장단체의 반(反)
시아 이데올로기 형성에 미친 영향」, 『한국이슬람학회논총』
30(3), 41-68.

Al-Rasheed, M.(2017), "Sectarianism As Counter-Revolution: Saudi
Responses to the Arab Spring," *Sectarianization: Mapping the
New Politics of the Middle East*, N. Hashemi & D. Postel(eds.),
Oxford: Oxford University Press, 143-158.

Al-Tabari (1990), *The History of al-Ṭabarī, Vol. 15: The Crisis of the
Early Caliphate*, R. S. Humphreys(trans.), Albany: State
University of New York Press.

Dabiq(Aug, 2015/AH Dhul-Qaʻadh, 1436), Issue 11.

_____(Jan, 2016/AH Rabiʻ al-Akhir, 1437), Issue 13.

Ibn al-Athir(2016), *The Chronicle of Ibn al-Athir for the Crusading
Period from al-Kamil fi'l-Ta'rikh. Part 1. The Year 491-541/
1097-1146: The Coming of the Franks and the Muslim Response*,
D. S. Richards(trans.), Abingdon & New York: Routledge.

Kazimi, N.(2006). "Zarqawi's anti-Shi'a legacy: Original or borrowed?"
Current Trends in Islamist Ideology, 4, 53-72.

Kohlberg, E., "Al-Rāfiḍa," *Encyclopaedia of Islam*, 2nd Edition.

Korkmaz, S.(2010), "Two images of Ibn Saba in the historical and heresiographical literature," *İslam Araştırmaları* 3(1), 243-261.

Matthiesen, T.(2017), "Sectarianization as Securitization: Identity Politics and Counter-Revolution in Bahrain," *Sectarianization: Mapping the New Politics of the Middle East*, N. Hashemi & D. Postel(eds.), Oxford: Oxford University Press, 199-214.

Neggaz, N.(2013), "The falls of Baghdad in 1258 and 2003: A study in Sunnī-Shīʿī clashing memories," Ph.D. diss., Georgetown University.

Steinberg, G.(2011), "The Wahhabiyya and Shiʿism, from 1744/45 to 2008," *The Sunna and Shiʿa in History: Division and Ecumenism in the Muslim Middle East*, O. Bengio & M. Litvak(eds.), New York: Palgrave Macmillan, 163-182.

Strobl, S.(2018), *Sectarian Order in Bahrain: The Social and Colonial Origins of Criminal Justice*, Lanham: Lexington Books.

Wehrey, F. W.(2014), *Sectarian Politics in the Gulf: From the Iraq War to the Arab Uprisings*, New York: Columbia University Press.

4장

난민지위협약과 중동 난민

오승진
단국대학교

난민지위협약과 중동 난민

1. 서론

시리아 내전으로 인하여 대량으로 발생한 난민 사태를 비롯하여 2010년부터 시작된 중동의 난민 사태는 10여 년 이상 계속되고 있다. 통계에 의하면 2020년 말 현재 약 670만 명의 시리아인이 내전을 피하여 국내 실향민으로 남아 있으며, 약 550만 명의 시리아인은 난민이 되어 인접한 국가들에 수용되어 있다(UNHCR 2021a, 161). 이들은 더 안전한 피난처를 찾아 이동하고 있으며, 대다수는 유럽을 최종 목적지로 삼고 있다. 2021년 11월경에는 수천 명의 이라크, 시리아, 아프가니스탄 난민이 벨라루스를 통하여 유럽연합European Union, EU 회원국인 폴란드로 진입하려고 시도하였다. 장기 집권으로 EU의 제재를 받게 된 벨라루스는 이를 묵인 또는 방조한다는 의심을 받았다(『중앙일보』, 2011.11.11.). 벨라루스의 이른바 "난민 밀어내기"는 EU와 러시아 사이의 안보 갈등으로 확산할 조짐을 보이고 있다. 이러한 와중에 추위와 기아에 시달린 난민은 폴란드와 벨라루스의 국경에

발이 묶여 국제정치의 인질이 되는 상황도 이어지고 있다(『동아일보』, 2021.11.20.).

국가들이 내전 등으로 인하여 일시적으로 생명이 위험해진 사람들에게 한시적으로 체류 자격을 부여하여 보호하는 경우가 있다. 한국 난민법도 전쟁 등으로 생명이 위태로운 사람들에게 인도적 체류자의 지위를 부여하여 보호할 수 있도록 규정하고 있다(난민법 제2조 3호). 이들은 엄격한 의미에서는 난민이 아니지만 일정한 보호를 받는 것이다. 한국은 2020년 말을 기준으로 약 1,200명의 시리아인, 약 750명의 예멘인에게 인도적 체류자의 지위를 부여했다. 중동의 난민 사태는 한국에도 영향을 미치고 있는 것이다(법무부 2020, 106). 이와 같이 이라크, 시리아, 아프가니스탄에서 발생한 난민 사태는 그 자체로 국제적인 인권 문제일 뿐만 아니라 국가들 사이의 평화와 안보를 위협하는 문제가 되기도 한다.

1951년 난민지위협약1951 Refugee Convention relating to the Status of Refugees 및 1967년 난민지위에 관한 의정서1967 Protocol relating to the Status of Refugees에 의하면 난민은 "인종, 종교, 국적, 특정 사회 집단의 구성원 신분 또는 정치적 의견을 이유로 박해받을 것이라는 충분한 근거가 있는 두려움으로 인하여 자신의 국적국 밖에 있는 사람"으로 국적국의 보호를 받을 수 없거나 국적국의 보호를 원하지 않는 사람을 의미한다(난민지위협약 제1조 제A항 제

2호). 무국적자도 난민이 될 수 있는데, 앞서 열거한 사정으로 상주국으로 돌아갈 수 없거나 상주국으로 돌아가기를 원하지 않는 무국적자도 난민에 해당한다(같은 호).

난민지위협약은 원래 2차 세계대전의 과정에서 발생한 유럽의 난민을 보호하기 위하여 채택되었다. 그리하여 난민의 개념에 "1951년 1월 1일 이전에 발생한 사건의 결과로서"라는 기한을 설정하였다. 그러나 1967년 난민의정서는 난민의 개념에서 이러한 기한을 폐지하였다. 따라서 난민은 지역과 기한을 벗어난 보편적인 개념을 가지게 되었다(이하에서는 '난민지위협약'과 '난민의정서'를 '난민지위협약'으로 인용한다). 이와 같이 난민지위협약에 따른 요건을 충족하는 난민을 "법정난민"이라고 부른다. 법정난민이 되기 위해서는 무엇보다도 인종, 종교, 국적, 특정 사회 집단의 구성원 신분 또는 정치적 의견을 이유로 박해를 받을 것이라는 두려움이 있어야 하며, 국적국 밖에 있을 것이라는 요건을 충족해야 한다. 그러므로 전쟁이나 내전의 희생자(전쟁난민), 환경파괴의 피해자(환경난민), 경제적 이유로 이주한 자, 박해의 피해자이지만 본국 안에 머무르는 자(국내 실향민)들은 법적인 의미에서는 난민이 아니므로 난민지위협약상의 난민으로 보호받지 못하게 된다. 따라서 법적인 난민 개념은 일상적으로 사용되는 난민 개념보다 협소하다.

난민지위협약의 체약국은 난민을 어떠한 방법으로도 인종, 종교, 국적, 특정 사회 집단의 구성원 신분 또는 정치적 의견을 이유로 그 생명 또는 자유가 위협받을 우려가 있는 영역의 국경으로 추방하거나 송환할 수 없다(난민지위협약 제33조 1항). 따라서 난민을 추방하거나 송환한다면 이는 국제법을 위반하는 것이 된다. 특정한 난민 문제가 최종적으로 해결되려면 난민이 본국으로 돌아가는 자발적 송환voluntary repatriation, 난민 지위를 인정받은 국가가 난민에게 항구적으로 체류 자격을 부여하는 수용host country absorption, 그리고 제3국이 난민을 수용하는 재정착resettlement이 있다. 2021년 12월 현재 146개국이 난민지위협약에 가입하였다. 가입국의 수를 고려하면 난민지위협약은 전 세계의 대부분의 국가가 가입한 보편적인 조약이라고 볼 수 있다.

한편, UN 총회의 결정에 따라 설립된 유엔난민기구 UNHCRUN High Commissioner for Refugees, UNHCR은 난민에게 국제적 보호를 제공하는 것을 임무로 삼고 있다. UNHCR의 임무는 원래 법정난민을 보호하는 것이었지만 점차적으로 임무가 확대되어 실질적으로 보호가 필요한 사람들을 보호의 대상으로 삼게 되었다. 법적으로 난민에 해당하는지 여부를 불문하고 UNHCR의 보호 대상이 되는 난민을 '위임난민'이라고 부른다. UNHCR은 법정난민뿐만 아니라 비호신청인, 전쟁난민, 무국적자, 일부의 국내 실향민 등 이른바 위임난민을 보호하는 임무를 수행하고 있다.

난민지위협약은 난민을 보호하는 중요한 체제이기는 하지만 한계도 적지 않다. 첫째, 난민의 개념이 정치적인 박해의 피해자를 보호하는 데 중점을 두고 있으며, 보호의 대상이 지나치게 좁다. 따라서 전쟁이나 내전 등으로 인하여 대량으로 발생하는 난민을 보호하기에 적합하지 않다. 둘째, 난민의 지위를 판정하는 국제적인 절차가 마련되어 있지 않으며, 난민에 해당하는지 여부를 체약국이 결정한다. 체약국이 자의적으로 난민에 대한 보호를 거부할 가능성이 있는 등 난민에 대한 보호가 충분히 이루어지지 않을 수 있다. 난민에게 입국의 권리가 인정된 것도 아니므로 체약국들이 국경을 봉쇄하는 등 난민의 입국을 막는 조치를 취하는 것을 막기 어렵다. 넷째, 국제 공동체가 난민 발생으로 인한 부담을 공평하게 나누는 장치가 마련되어 있지 않다. 따라서 난민이 발생하는 지역에 인접한 국가들에 부담이 집중될 수 있다. 전 세계 난민의 86%는 개발도상국에 수용되어 있으며, 전 세계 난민의 73%는 난민 발생지와 인접한 국가에 수용되어 있다 (UNHCR 2021b, 2).

냉전시대에는 서방 세계와 공산진영 사이의 이념적 대립구도 속에서 국가들은 이념이 다른 국가에서 오는 난민을 적극적으로 받아들일 자세가 되어 있었지만 냉전이 종식된 이후, 국가들은 난민을 수용하는 데 소극적으로 변하고 있다(오승진 2009, 186). 냉전이 종식된 이후에는 난민이 이념의 대립이나 정치적인 이유로 발생하기보다는 내전이나 무력충돌에 의하여 대규모 또는 집단적으로 발생하고 있다(오승진 2009, 194). 따라서 인접한 몇몇 국가가 난민을 수용하는 것은 큰 부담이 된다. 내전이나 무력충돌로 인하여 거주지를 떠났으나 인접국으로 도피하지 못하고 국내에서 보호가 필요한, 이른바 국내 실향민도 증가하고 있다.

2010년 이후 시리아, 예멘을 포함하는 중동에서는 내전 등으로 많은 난민이 발생하였으며, 이들의 고통은 현재까지도 끝나지 않고 있다. 이들은 내전을 피하여 고향을 등지고 국내에서 피난처를 구하거나 인접한 국가와 유럽으로 이동하여 보호를 구하고 있으나, 국제난민법의 한계와 각 국가들의 소극적인 대응으로 심각한 인권침해를 겪고 있다. 난민 사태를 어떻게 해결할 것인가를 둘러싸고 국가들 사이의 마찰도 그치지 않는다. 중동의 난민 위기는 국제난민법의 한계와 냉전 종식 이후의 난민법의 과제를 잘 보여 준다. 이 장에서는 국제난민법의 체제에 비추어 중동 난민의 발생 현황과 특징을 살펴보고, 중동 난민을 보호하기 위한 국제 공동체의 과제를 검토해 본다.

2. 난민의 개념

1) 박해의 가능성

난민에 해당하기 위해서는 우선 박해를 받을 것이라는 충분한 근거가 있는 두려움이 필요하다. 즉, 난민으로 인정되려면 주관적으로 박해를 받을 수 있다는 두려움이 있어야 하며, 「난민 지위의 인정기준 및 절차: 편람과 절차」(UNHCR 2014, 이하 '난민편람')에 따르면 이는 객관적인 상황에 의하여 뒷받침되어야 한다(난민편람, 11). 그러므로 난민 지위의 인정을 신청하는 사람은 왜 박해받을 것이 두려운지 입증해야 한다. 그러나 박해의 경험에 관한 난민 신청인의 진술을 평가할 때 진술의 세부내용에서 다소간의 불일치가 발견되거나 일부 과장된 점이 엿보인다고 하여 곧바로 신청인 진술의 전체적 신빙성을 부정해서는 안 되고, 그러한 불일치와 과장이 진정한 박해의 경험에 따른 정신적 충격이나 난민 신청인의 궁박한 처지에 따른 불안정한 심리 상태, 시간 경과에 따른 기억력의 한계, 우리나라와 서로 다른 문화적·역사적 배경에서 유래한 언어감각의 차이 등에서 비롯되었을 가능성도 충분히 염두에 두고 진술의 핵심내용을 중심으로 전체적인 일관성 및 신빙성을 평가해야 한다. 특히 난민 신청인이 여성으로서 심각한 박해의 피해자라고 주장하는 경우에는 그 가능성과 이에 따른 특수성도 진술의 신빙성을 평가하는 과정에서 염두에 두어야 한다. 그리고 만일 이와 같은 평가에 따라 난민 신청인이 주장하는 과거의 박해 사실이 합리적으로 수긍되는 경우라면, 출신국의 상황이 현저히 변경되어 박해 가능성이 명백히 소멸했다고 볼 만한 특별한 사정이 인정되지 않는 한, 난민인정 요건인 박해에 관한 충분히 근거 있는 공포가 있다고 보아야 한다(대법원 2010두27448 판결).

일반적으로 난민의 지위는 개별적으로 결정되어야 하지만 긴급한 원조가 필요한 상황에서는 개별적으로 난민의 지위를 결정하는 것이 불가능하여 집단적으로 난민으로 인정할 필요가 있을 수 있다(난민편람, 12). 국적국이 난민을 박해할 의도가 있었다면 여권을 발급하지 않을 것이므로 난민 신청자가 여권을 소지하는 경우에는 박해의 가능성이 없다는 주장이 있다. 그러나 박해의 가능성을 우려하여 자신의 정치적 의견이 명백히 알려지기 이전에 합법적으로 출국하는 사람들이 다수 존재한다. 그러므로 유효한 여권의 소지가 난민 지위의 인정에 장애가 되지는 않는다(난민편람, 13).

박해란 생명, 신체 또는 자유에 대한 위협을 비롯하여 인간의 본질적 존엄성에 대한 중대한 침해나 차별을 야기하는 행위를 의미한다(대법원 2016두42913 판결). 박해의 주체는 통상적으로 국가다(난민편람, 15). 국가는 사인에 의한 박해를 예방 또는 방지할 수 있으므로 사인에 의한 박해의 피해자는 난민에 해당하지 않는다. 다만, 종교적 소수자가 다수파에 의하여 박해를 받는 경우 또는 가족의 명예를 더럽혔다는 이유로 박해를 당하는, 이른바 명예살인의 피해자와 같이 국가가 사인에 의한 박해의 피해자를 적절하게 보호하지 못하는 경우에는 사인에 의한 박해의 피해자도 난민이 될 수 있다(난민편람, 15).

2) 박해의 사유:
인종, 종교, 국적, 특정사회집단의 구성원 신분 또는 정치적 의견

앞서 살핀 바와 같이 난민으로 인정되기 위해서는 인종, 종교, 국적, 특정 사회 집단의 구성원 신분 또는 정치적 의견으로 인한 박해의 가능성이 있어야 한다(조정현 2011, 113-131). 따라서 내전, 환경파괴, 경제적 이유로 인하여 생명 또는 신체가 위험에 처한 사람들은 난민에 해당하지 않게 된다. 따라서 오늘날 실질적으로 보호가 필요한 많은 사람이 이러한 요건을 충족하지 못하여 난민의 범주에서 제외되기도 한다. 다만, 내전이 인종, 종교 또는 정치적 의견의 대립으로 인한 결과이거나 인종, 종교 또는 정치적으로 특정한 집단에 속하는 사람들을 박해한 결과로 인하여 경제적인 결핍이 발생한 경우라면 그로 인한 피해자들은 난민에 해당할 가능성이 있다(난민편람, 15).

인종을 이유로 한 차별은 가장 두드러진 인권침해의 하나이다. 인종차별로 인하여 개인의 존엄성이 가장 기본적이고 양도될 수 없는 인권을 침해당하는 경우에 이는 박해가 될 수 있다(난민편람, 16). 국적은 시민권보다는 넓은 개념이며 한 국가 내에서 둘 이상의 민족 집단이 대립하는 경우에 박해가 발생할 수 있다(난민편람, 17). 특정 사회 집단의 구성원 신분은 통상 유사한 배경, 습성 또는 사회적 지위를 가진 사람들로 구성된다(난민편람, 17). 정부의 의견과 다른 정치적 의견을 가졌다는 이유로 박해를 받을 가능성이 있다면 난민에 해당할 수 있다(난민편람, 17). 다만, 난민 신청인이 국적국을 떠나기 이전부터 정부에서 그의 정치적 의견을 알고 있을 필요는 없다.

난민인정 요건인 '특정 사회 집단의 구성원인 신분을 이유로한 박해'에서 '특정 사회 집단'이란 한 집단의 구성원들이 선천적특성, 바뀔 수 없는 공통적인 역사, 개인의 정체성 및 양심의 핵심을 구성하는 특성 또는 신앙으로서 이를 포기하도록 요구해서는 안 될 부분을 공유하고 있고, 이들이 사회환경 속에서 다른 집단과 다르다고 인식되고 있는 것을 말한다(대법원 2016두42913 판결). 여성 할례female genital mutilation는 의료 목적이 아닌 전통적·문화적·종교적 이유에서 여성 생식기의 전부 또는 일부를 제거하거나 여성 생식기에 상해를 입히는 행위를 의미한다. 이는 여성의 신체에 대하여 극심한 고통을 수반하는 직접적인 위해를 가하고 인간의 존엄성을 침해하는 행위로서, 특정 사회집단의 구성원이라는 이유로 가해지는 '박해'에 해당한다(앞의 판례). 난민 신청인의 성적 지향을 이유로 통상적인 사회적 비난의 정도를 넘어 생명, 신체 또는 자유에 대한 위협을 비롯하여 인간의 본질적 존엄성에 대한 중대한 침해나 차별이 발생하는 경우는 난민협약에서 말하는 박해에 해당한다(대법원 2016두56080 판결). 따라서 성소수자가 난민으로 인정받기 위해서는, 출신국에서 이미 자신의 성적 지향이 공개되고, 그로 인하여 출신국에서 구체적인 박해를 받아 대한민국에 입국한 사람으로서 출신국으로 돌아갈 경우, 그 사회의 특정 세력이나 정부 등으로부터 박해를 받을 우려가 있다는 충분히 근거 있는 공포를 가진 사람에 해당하여야 하고, 박해를 받을 '충분히 근거 있는 공포'가 있음은 난민인정 신청을 하는 외국인이 증명하여야 한다.

여기서 살핀 바와 같이 난민의 인정 요건인 박해의 사유는 그다지 넓은 개념이 아니므로 실질적으로 보호의 필요성이 있는 사람들이 보호의 대상에서 제외된다.

3) 국적국 밖에 있을 것

국적국은 시민권을 의미한다. 난민 신청인은 자신의 국적국 밖에 있어야 한다. 특정인이 본국의 영토 관할 내에 있다면 난민에게 부여되는 국제적 보호는 제공될 여지가 없다. 난민이 국적국 밖에 있어야 한다는 요건은 난민이 국적국을 떠날 때 난민 요건을 충족해야 한다는 의미가 아니다. 본국을 떠날 당시에는 박해의 가능성이 없었지만 그 이후에 난민의 요건을 충족하여 난민이 되는 이른바 "현지 체재 중 난민"이 될 수도 있다(서울고등법원 2011누30757 판결). 거주국에서 정치적 의견을 표현하는 등의 행동으로 인하여 출신국 정부기관이 주목을 하고 귀국 시 박해의 가능성이 있다면 현지 체재 중 난민이 되는 것이다. 외교관 및 해외에서 근무하는 공무원, 전쟁포로, 학생, 이주노동자 등이 해외에서 체재하는 동안 난민으로 인정받는 경우가 종종 있다.

국적국 밖에 있어야 법적인 난민이 될 수 있으므로 다른 모든 요건을 충족하여도 국적국 안에 머무르는 사람은 적어도 난민지위협약상의 난민에 해당하지 않는다. 이와 같이 박해의 가능성이 있음에도 불구하고 국적국 안에 머무르고 있는 사람을 국내실향민Internally Displaced Persons, IDPs이라고 한다. 오늘날 내전 등으로 인하여 고향을 떠났지만 국내에 머무르는 많은 사람이 국내에 머무른다는 이유로 난민의 보호를 받지 못하고 이른바 "국내 실향민"으로 분류되고 있는 것이 현실이다. 이들은 UNHCR에 의한 구호의 대상이 되어 보호를 받을 수 있다.

한국 정부는 2021년 8월경 아프가니스탄에서 한국을 위해 일하던 아프가니스탄인 397명을 입국시켜 특별기여자의 자격을 부여하였다. 이들은 외국을 위하여 일하였으므로 정치적 의견을 이유로 한 박해의 가능성이 있었다고 볼 수 있다. 다만, 이들은 아프가니스탄에 머물고 있었으므로 법적인 의미에서 난민이라고 보기는 어렵다. 한국 정부가 인도적인 이유로 이들을 입국시켜 체류 자격을 부여한 것은 타당한 조치라고 본다. 인도적인 보호의 필요성이 법적인 난민 개념에 의하여 한정될 필요는 없다.

3. 중동 난민의 현황과 유럽의 대응

1) 중동 난민의 현황

중동 난민의 발생은 2010년 말 중동과 북아프리카에서 발생한 이른바 '아랍의 봄'과 관련이 있다. 중동과 북아프리카 지역은 장기간의 독재, 집권 세력의 부패, 빈부격차 등 여러 문제점을 안고 있었는데, 2010년 말 튀니지의 반정부 시위는 인접한 국가들에도 영향을 주었다. 일부 국가에서는 평화적으로 정권이 교체되었으나 일부 국가에서는 심각한 내전이 발생하였다.

중동에서 난민이 많이 발생하는 대표적인 국가는 시리아, 예멘 및 이라크다. 시리아 난민 사태는 시리아 정부가 2011년 3월경 반정부 시위에 대하여 강경 대응하면서 촉발된 내전으로 발생하였다(Achiume 2015, 695-699). 이 내전으로 인하여 수십만 명이 사망하였으며, 대량의 난민이 발생하였다. 시리아 난민 사태는 10여 년 이상 지속되고 있는데, 2020년을 기준으로 약 670만 명의 국내 실향민이 발생하였으며, 약 550만 명의 난민이 튀르키예, 레바논, 요르단, 이라크 및 이집트에 체류하고 있다(UNHCR 2021a, 161).

예멘에서는 수년째 내전이 계속되고 있는데, 이로 인하여 2020년 현재 약 400만 명의 국내 실향민과 약 16만 명의 난민이 존재한다(UNHCR 2021a, 161). 이들을 포함하여 인구의 상당 부분이 빈곤과 기아에 노출되어 있다. 이라크에서도 정치적인 불안으로 인하여 2020년 현재 약 120만 명의 국내 실향민과 인접한 국가에 약 24만 명의 난민이 존재한다(UNHCR 2021a, 161). 북아프리카인 리비아에서도 정치적 불안으로 인하여 2020년 현재 약 4만 명의 난민과 약 27만 명의 국내 실향민에게 도움이 필요한 상황이다(UNHCR 2021a, 161).

유럽 국가들 사이에서 중동 난민의 대량 유입을 우려해 국경 봉쇄 등을 통하여 대응하려는 움직임이 있지만 사실상 대부분의 난민은 자국 내에 머물러 있거나 인접한 국가에 수용되어 있는 실정이다. 이들은 2020년에 발생한 코로나19 및 악화되는 경제 상황으로 인하여 대부분 심각한 빈곤에 직면해 있다. 극히 일부의 난민만이 독일 등 비교적 난민에 우호적인 국가에 도착하여 보호를 받고 있으나 이들 국가는 물론, 난민의 이동경로에 있는 국가들도 난민의 대량 유입에 대하여 민감하게 반응하고 있다.

2) 유럽의 난민 상황과 국가들의 태도

EU 회원국들 사이에는 이동의 자유가 보장되어 있다. EU 회원국들 사이에서는 사람의 이동에 관한 한 국경이 없는 셈이다. 따라서 난민이 일단 EU 회원국의 영토에 입국하기만 하면, 난민 수용에 우호적인 일부 국가에 난민 지위 신청이 집중될 가능성이 있다. 이러한 이유로 EU 회원국들은 그들 사이에서 동일한 난민 정책을 관철하기 위한 공통유럽난민체제Common European Asylum System, CEAS를 채택하고 있다(EU Regulation No. 604/2013 참조). 이는 EU 내에서 이루어진 난민 신청 등에서 심사를 담당할 국가를 결정하는 기준과 절차에 관한 EU 규정, 이른바 "더블린 체제"에 의하여 유지된다(Fullerton 2016, 64-65). 더블린 체제는 1990년 더블린협약에 의하여 성립되었으며, 2003년 더블린 II 규정, 2013년 더블린 III 규정(Regulation No. 604/2013)에 의하여 대체되었다.

더블린 규정에 의하면 난민 지위 신청 등을 심사할 국가는 가족 재결합, 거주 서류 또는 비자의 발급, 그리고 비정상적인 입국 여부 등 정해진 기준에 의하여 정해진다(UNHCR 2017, Executive Summary, 7). EU 회원국에 입국하는 사람들은 Eurodac 시스템에 의하여 지문을 날인하게 되는데, 이에 관한 정보는 회원국 사이에서 공유되어 난민 지위를 심사할 국가를 정하는 자료로 사용된다.

더블린 체제에 의하면 난민이 유효한 서류 없이 EU 회원국에 입국한 경우에는 원칙적으로 처음 도착한 국가에서 난민 지위 신청에 대한 심사를 받아야 한다(EU Regulation No 604/2013, Chapter III). 따라서 이탈리아 그리스 등 EU의 외곽에 있는 국가들에 난민심사의 부담이 가중된다. 더블린 체제는 난민 지위 신청을 심사할 국가를 신속하게 정하고 난민 신청자를 당해 국가로 이송할 것을 규정하고 있다. 이에 따라 난민은 EU의 여러 나라에서 난민 지위를 신청하는 것이 금지된다. 따라서 난민을 수용하고 있는 EU 회원국은 난민 지위 신청을 결정하기 위하여 난민이 최초 도착한 EU 회원국에 난민을 송환하게 된다. 더블린 체제는 EU 회원국 사이에서 동일한 난민 기준이 적용되어야 한다는 전제 아래 마련된 것이나, 난민에 대한 실효적인 보호를 어렵게 하며 난민이 유럽에 진입하는 도착지로 주로 이용되는 EU 회원국에 지나친 부담을 준다는 비판을 받고 있다.

3) 중동 난민과 유럽의 난민 사태

UNHCR의 통계에 의하면 2020년 기준 전 세계 난민의 86%는 개발도상국에서 수용하고 있으며, 73%는 난민을 발생시킨 국가와 인접한 국가에서 수용하고 있다(UNHCR 2021b, 2). 튀르키예는 모두 370만 명의 난민을 수용하여 전 세계에서 난민을 가장 많이 수용하고 있다. 그리고 콜롬비아(170만 명), 파키스탄과 우간다(각 140만 명), 독일(120만 명)이 뒤를 잇고 있다(UNHCR 2021b, 2). 2020년 말을 기준으로 약 660만 명의 난민이 유럽에 체류하고 있다(UNHCR 2021b, 15). 유럽에서도 튀르키예와 독일만이 대량의 난민을 수용하고 있다. 난민으로 인한 부담이 일부 국가에 과중하게 지워 있다는 점을 알 수 있다.

중동에서 대량으로 발생한 난민은 바다와 육지를 통하여 유럽으로 향하고 있다. 그 과정에서 많은 난민의 생존이 위협받고 있다. 통계에 의하면 2014년 한 해 동안 적어도 약 21만 명이 지중해를 통하여 유럽으로 이동하였으며, 그 과정에서 약 3,500명 이상이 사망한 것으로 추정된다(Human Rights Watch, 2021.01.15.). 유럽 국가들은 이들의 유입을 막기 위하여 국경을 봉쇄하고 있다. 난민의 유입이 많아질수록 난민의 유입을 억제하는 정책을 채택하는 국가들이 많아지고 있으며, 이는 강제송환금지를 명시하고 있는 난민지위협약의 규범력을 심각하게 약화시키고 있다.

2020년에는 47만여 명이 EU 회원국에서 난민 지위 등 비호를 신청하였으며, 이는 2019년보다 33.6% 감소한 것이다. 이는 코로나19로 인하여 각 국가들이 여행을 제한하거나 국경을 봉쇄한 결과다(European Council on Refugees and Exiles 2021, 2).

4. 한국의 난민지위협약 가입과 중동 난민

1) 난민지위협약 가입

한국은 1992년 난민지위협약 및 난민의정서에 가입하였다. 한국은 난민협약에 따른 의무를 이행하기 위하여 1993년 '출입국관리법'을 개정하였으며, 이 법은 1994년 7월 1일 발효하였다. 한국에서는 1994년부터 2000년까지 모두 96건의 난민 신청이 있었으나 모두 거부되었으며, 2001년에 처음으로 1명이 난민으로 인정되었다. 출입국관리법에서 난민제도를 규정하는 것은 문제점이 있다는 지적에 따라 2012년 난민법이 제정되어 2013년 7월부터 시행되었다.

한국의 난민법은 난민인정자, 인도적 체류자 및 난민 신청자 등에 대한 강제송환금지원칙을 규정하고 있다(제3조). 인도적 체류자는 난민에는 해당하지 아니하지만 고문 등 비인도적인 처우나 처벌 또는 그 밖의 상황으로 인하여 생명이나 신체의 자유 등을 현저히 침해당할 수 있는 사람으로 인정되어 체류 허가를 받은 외국인을 말한다(제2조 3호). 난민법은 외국에서 체류하는 난민 중에서 한국에 정착하기를 희망하는 외국인을 재정착 희망 난민으로 수용할 수 있는 법적 근거도 규정하고 있다(제24조). 그 밖에도 난민법은 난민인정 신청과 심사에 관한 상세한 규정을 두었다. 한국의 난민법은 적어도 법제도면에서는 상당히 발전된 모습을 보여 주고 있다. 다만, 난민에 관한 실무의 관행이 이를 뒷받침하고 있는지는 의문이다.

2) 한국의 난민법상 중동 난민의 지위

한국에서 난민 제도가 시행된 이후 2020년 말까지 누적으로 난민 지위 인정이 신청된 수는 7만 1,042건이고(법무부 2020, 이하 '통계연보'), 이 중에서 난민으로 인정된 건수는 1,091건이다. 한국 정부의 난민인정 절차에서 난민법상 난민인정 사유에는 해당하지 않으나 고문 등의 비인도적인 처우나 처벌 또는 그 밖의 상황 때문에 생명이나 신체의 자유 등을 침해당할 수 있는 피해자로 인정되어 인도적 체류 허가가 허용된 수는 2,370건이다(통계연보). 한국에서 난민이나 인도적 체류허가가 인정된 비율은 그다지 높지 않다.

2020년을 기준으로 난민 신청자의 국적을 누적 순위로 보면 중국(7,151건), 카자흐스탄(7,145건), 러시아(6,878건), 파키스탄(6,482건), 이집트(4,946건)의 순이다. 2020년까지 국적별로 난민 지위를 인정받은 사람의 수를 살펴보면 미얀마(353명), 에티오피아(134명), 방글라데시(120명), 파키스탄(80명), 이란(55명) 순이다(통계연보). 한국에서 중동 출신의 난민 신청자 및 난민의 지위를 인정받은 사람은 그다지 많은 편이 아니다. 같은 기간 인도적 체류자의 지위가 인정된 2,370명 중에는 시리아 국적자가 1,231명(52%), 예멘 국적자가 757명(31.9%), 미얀마 37명(1.6%)이다(통계연보). 시리아와 예멘은 모두 내전 중인 국가라는 공통

점을 가지고 있다.

　이상의 통계에 따르면 한국에서는 난민 지위 신청자의 수에 비하여 극히 일부만이 난민 또는 인도적 체류자로 보호를 받고 있다. 특히, 시리아, 예멘 등 중동 출신의 난민 신청자들은 난민의 지위를 인정받지 못하고 일시적인 보호만이 부여되는 인도적 체류자의 지위를 인정받고 있다는 점을 알 수 있다. 이는 이들이 직접적으로는 내전으로 인한 위험을 피하여 한국에 입국하였으며 중동 출신 난민 신청자에 대한 국내의 부정적 여론이 영향을 미친 것이 아닌가 생각된다. 인종차별철폐위원회의 한국에 대한 검토의견(CERD/C/KOR/CO/ 17-19)은 한국 사회에서 이주민과 난민에 대한 증오와 불신의 분위기를 우려하는 내용이 있다. 특히 2018년 약 500명의 예멘 난민이 제주도에 도착할 당시에 인터넷과 미디어에서 혐오표현이 증가하고, 인종적 증오를 선동하며, 인종적 우월감과 인종차별적인 고정관념이 확산하는 점에 우려를 표시하였다.

5. 결론

중동에서는 2010년 무렵부터 내전 등으로 수백만 명의 난민이 발생하였다. 이들은 자국 내에서 유랑하는 국내 실향민이 되거나 인접국 또는 멀리 유럽까지 이동하여 보호를 구하고 있다. 그 과정에서 이들의 생명이나 생존은 극단적으로 위협받고 있으며, 난민수용을 둘러싼 국가들 사이의 마찰로 이어지고 있다. 중동 난민 문제는 인권 문제일 뿐만 아니라 국가평화와 안보를 위태롭게 하고 있다.

현재의 국제난민법은 중동 난민 문제를 해결하는 데 충분하지 않다. 난민의 개념은 주로 정치적인 이유로 본국을 떠난 사람을 보호하는 데 맞추어져 있으며, 난민 지위를 판정하는 것도 개별 국가의 책임에 맡겨져 있다. 국제 공동체가 난민 발생으로 인한 책임을 공동으로 부담하는 체제도 마련되어 있지 않다. 국가들은 대부분 난민지위협약에 가입하여 규범적으로는 난민을 수용할 의지를 표명하고 있으나 실질적으로는 난민의 수용이나 보호에 적극적이지 않다.

국제 공동체는 중동에서 집단적으로 발생하는 국내 실향민과 난민을 보호하기 위한 충분한 법적인 장치와 실질적인 대책을 마련할 필요가 있다. 내전 등 전쟁으로 인한 난민과 국내 실향민을 실효적으로 보호하기 위한 법적 장치를 구체화하고, 난민 발생으로 인한 책임을 국제 공동체가 분담할 수 있는 체제가 필요하다. 나아가 장기간 본국을 떠난 난민이 새로운 터전에서 정착할 수 있도록 국제 공동체가 공동으로 노력할 필요가 있다. 이 과정에서 한국도 책임을 다해야 한다. 난민 문제를 해결하는 것은 인권 문제일 뿐만 아니라 국제평화와 안보에 관한 문제이므로 국제 공동체의 적극적인 개입을 기대한다.

참고자료

오승진(2009), 「냉전종식 이후의 난민법의 과제」, 『국제법학회논총』 54(2), 183-202.

_____(2012), 「난민법 제정의 의의와 문제점」, 『국제법학회논총』 57(2), 91-112.

_____(2018), 「한국의 난민 수용 관행과 방향에 관한 연구」, 『경희법학』 53(3), 389-414

조정현(2011), 「난민지위협약상 박해의 이유」, 『난민의 개념과 인정절차』, 정인섭·황필규(편저), 서울대학교 공익인권법센터, 113-131.

UNHCR(2014), 『난민 지위의 인정기준 및 절차: 편람과 절차』(한글판, 2014-9).

법무부(2020), 「2020 출입국외국인정책 통계연보」.

Achiume, E. T.(2015), "Syria, Cost-sharing, and the Responsibility to Protect Refugees," 100 Minn. L. Rev. 687.

Fullerton, M.(2016), "Asylum Crisis Italian Style: The Dublin Regulaltion Collides with European Human Rights Law," Harv. Hum. Rts. J. 29, 57-134.

European Council on Refugees and Exiles(2021), "The implementation of the Dublin III Regulation in 2020."

UNHCR(2017), "UNHCR study on the implementation of the Dublin III Regulation, Executive Summary."

_____(2021a), "Global Report 2020."

_____(2021b), "Global Trends 2020."

Human Rights Watch, "The mediterranean migrant crisis-Why people flee, what the EU should do"(19 Jun, 2015). https://www.hrw.org/report/2015/06/19/mediterranean-migration-crisis/why-people-flee-what-eu-should-do (search: 2022.07.05.).

5장

국제법상 난민의 개념과 한국의 관행: 탈북자, 예멘 난민, 아프가니스탄 난민

조정현
한국외국어대학교

국제법상 난민의 개념과 한국의 관행:
탈북자, 예멘 난민, 아프가니스탄 난민

1. 서론

2022년 2월 24일 러시아의 침공으로 발발한 우크라이나 전쟁으로 폴란드를 비롯한 주변국에 2022년 4월 6일 기준 약 430만 명 이상의 소위 "전쟁난민"이 발생하였고, 우크라이나 국내에도 고향을 등진 약 710만 명 이상의 "국내 실향민"이 발생하였다(유엔난민기구 2022). 자신의 삶의 터전을 강제로 떠날 수밖에 없다는 점, 따라서 특별한 외부의 도움과 보호가 필요하다는 점에 있어서는 기본적으로 차이가 없음에도, 국제법상 상기 전쟁난민war refugees 및 국내 실향민Internally Displaced Persons, IDPs은 엄격한 의미의 법적 보호의 대상이 아니며 국제난민법에서 규정한 협약난민convention refugees과는 구별되는 사람들을 지칭하는 것이다. 이 글에서는 국제법상 난민의 개념을 기타 유사한 개념들과 함께 고찰·구별하고, 이를 최근 한국과 관련된 탈북자 문제, 제주 예멘 난민 문제, 아프가니스탄 난민 상황에 적용하며 관련 관행의 적절성에 대해 살펴본다.

2. 난민과 관련된 다양한 명칭들

일반적으로 각국은 자국 관할권하의 국민 등 개인을 보호할 의무를 부담한다. 특히 외국에서 자국민이 피해를 입었을 경우 국적국의 외교적 보호 및 영사 조력을 받는 것이 일반적인 상황이다. 그러나 국적국으로부터 오히려 박해를 받아 외국으로 도피한 경우엔, 외국에 체류 중인 그 개인을 보호해 줄 책임 있는 국가는 사실상 존재하지 않는다. 따라서 이렇게 외국에서 비호를 구하는 자들에 대한 대안적 보호로서 국제적인 보호가 필요하며 이러한 보호체제가 바로 "난민"레짐이다. 즉, "난민"이란 가장 열악한 상황에 처해 있는 사람들의 대표적 사례라 할 수 있다(조정현 2017, 39-40).

다양한 상황에서 다양한 사람들을 지칭하는 용어로 "난민"이라는 명칭이 비록 일반적으로 사용되고는 있지만, 법적인 의미에서의 "난민"은 그 범위가 다소 제한적이어서 특정한 사람들을 지칭할 때 그 명칭이 법적으로 정확히 어떠한 의미를 나타내고 있는지를 구별하는 것은 실제 중요할 수 있다. 우선, 법정난민 statutory refugees은 1951년 난민지위협약 채택 이전의 개별 조약들에 의해 난민으로 지정된 자들을 일컫는 용어로, 현재적으로는 그 실용적 의미가 많이 퇴색하였다(난민지위협약 제1조 A항 (1)호). 반면, 앞서 언급한 난민지위협약 제1조 A항 (2)호에서 규정되고 1967년 난민지위의정서 제1조에 의해 시간적·지역적 제한이 배제된 정치적 박해를 피해 외국으로 도피한 자들을 일컫는 협약난민convention refugees이 바로 국제난민법상 완전한 비호 및 보호를 부여받는 법적 의미의 난민이다. 이러한 공식 명칭에 더해 이들을 정치적 난민political refugees이라 부르는 경우도 있다.

2차 세계대전 이후 국제연합United Nations, UN 체제에서는 "협약난민"과 같이 객관적 정의 개념에 기반한 개별적 난민 지위 판정 및 보호 체제가 새롭게 성립되었는데, 다른 한편 냉전 종식 후 산발적인 내전 발생 등으로 집단적 유민 또는 실향민 상황에 대한 지원 및 보호 필요성 문제가 활발히 제기되었다. 이러한 집단적 상황에 처한 사람들은 통상 인도적 난민humanitarian refugees 또는 사실상 난민de facto refugees으로 지칭되었으며, 보다 공식적으로는 유럽연합European Union, EU을 중심으로 실향민 또는 유민 displaced persons으로 불린다. 서두에서 언급한 "전쟁난민"도 기본적으로 이 범주에 속한다고 볼 수 있으며, "피난민"이라는 한국어 단어도 이 맥락에서 사용되는 것으로 이해된다.

한편, 아직 "난민" 지위 여부를 예단하지 않고 가치중립적으로 자국에서 도망쳐 나와 비호를 구하는 상황에만 중점을 둔 것으로 비호를 구하는 자asylum-seekers라는 용어도 자주 사용된다. 유엔 난민기구United Nations High Commissioner for Refuges, UNHCR 내부 통계나 일부 국가에서는 난민(지위) 신청자refugee status applicant와 동일한 뜻으로 이 단어를 사용하기도 하지만, 역사적으로 오래된 "비호를 구하는 자"라는 용어는, 구체적 난민 지위 신청 여부와 상관 없이 또는 그들의 법적 지위와 상관없이, 어려운 상황에 놓인 광범위한 범주의 사람들에게 일반적으로 폭넓게 사용되고 있다.

이와는 다소 다른 차원에서, UNHCR은 자신의 임무 범위에 들어가 국제적 지원 대상이 되는 사람들을 위임난민mandate refugees이라고 지칭하고 있는데, 이는 기본적으로 앞서 살펴본 협약난민과 인도적 난민(실향민)을 포괄하는 개념으로 이해된다. UNHCR은 비슷한 맥락에서 UNHCR의 우려 대상persons of concern to UNHCR이라는 단어도 함께 사용하고 있다(Cho 2018, 542-543).

지금까지의 논의에서 한 단계 더 나아가, 최근의 국제적 상황을 반영한 새로운 난민 및 유사 개념의 주장 또한 제기되고 있다. 환경적인 재앙을 피해 도망쳐 나온 자들을 지칭한 환경난민environmental refugees 또는 생태난민ecological refugees이 그중 대표적인 주장인데, 아직 법적 보호의 범주에 들어오기에는 시간이 좀 더 필요해 보인다. 서두에 언급한 국내 실향민도 아직 국적국의 국경 내에 머무르고 있다는 한계로 인해 법적인 규율을 받고 있지는 못하다(Cho 2018, 541).

3. 국제법상 난민의 개념

1) 협약난민

국제법상 온전한 법적 비호 및 보호를 부여받는 법적 의미에서의 난민은 "협약난민"이다. 1951년 난민지위협약 제1조에서 정의된 난민 개념에서 1967년 난민지위의정서 제1조에 의해 시간적 및 지리적 제한을 배제하고, 또 이중국적자 등 복수국적자 및 무국적자에 대한 특례규정을 제외한, 협약난민 또는 소위 정치적 난민의 일반적 정의는 다음과 같다.

인종, 종교, 국적 또는 특정 사회집단의 구성원 신분 또는 정치적 의견을 이유로 박해를 받을 우려가 있다는 충분한 이유가 있는 공포로 인하여 국적국 밖에 있는 자로서 그 국적국의 보호를 받을 수 없거나, 또는 그러한 공포로 인하여 그 국적국의 보호를 받는 것을 원하지 아니하는 자

상기 정의에 의거해 난민 지위를 인정받기 위한 요건, 즉 난민 개념의 구성 요소를 세분화하면 크게 네 가지로 나눠진다. 첫째, 충분한 이유가 있는 공포well-founded fear가 존재할 것, 둘째, 이러한 공포는 박해persecution에 대한 것일 것, 셋째, 이러한 박해는 위에 열거된 다섯 가지 박해 사유reasons 중 적어도 한 개 이상의 사유로 인해 가해질 것, 마지막으로 현재 외국에 체류하면서 자국의 보호를 받을 수 없거나 거부한 자alienage일 것을 요한다(조정현 2011, 114-115).

네 가지 난민 지위 요건 중 마지막 외국인 요건은 사실 확인의 문제로 크게 어려운 문제가 될 수 없다. 반면 박해와 관련된 나머지 세 요건은 사안에 따라 다양한 문제를 야기하기도 하며 기본적으로 서로 긴밀히 연결되어 있다. 간단히 부연하자면, "충분한 이유가 있는 공포"는 일종의 주관적 요건으로 당사자의 심리적 상황을 함께 살펴보라는 내용인데, "충분한"이란 강한 한국어 해석에도 불구하고 여기서 적용될 입증의 정도는 일반 민사재판보다도 낮은 기준인 합리적 가능성reasonable possibility 정도면 충분하다. 즉, 박해받을 가능성이 과반을 넘지 않고 1/3만 되더라

도 합리적 가능성 테스트는 통과할 수 있을 것이다. "박해"에 대한 해석은 별도로 규정되어 있지 않지만, 일반적으로 생명이나 자유에 대한 위협threat to life or freedom 또는 근본적 인권의 침해 violation of fundamental human rights를 기준으로 판단한다. "박해 사유"는 제시된 5개 중 최소 하나 이상의 사유나 박해와의 관련성 혹은 인과관계가 입증되어야 하는데, 특히 "특정 사회 집단의 구성원 신분"과 같은 사유는 70년 전 채택된 난민지위협약에서 구체적으로 예견하지 못한 다양한 특수 상황에 유연하게 대처하며 또 국제인권법의 빠른 양적·질적 발전 상황에 탄력적으로 적응하고 대처하는 데 중요한 역할을 수행하고 있다(조정현 2011, 115-116, 131).

2) 난민 개념의 확대 노력

국제난민법상의 법적 보호를 향유하는 난민은 엄격한 의미에서 앞서 살펴본 협약난민에 국한되는 것이지만, 기타 UN 내에서, 또 지역적으로는 다양한 형태의 보호 또는 지원 대상자 확대 노력이 진행되었다.

먼저, 아프리카 지역에서는 1969년 아프리카난민협약Convention governing the Specific Aspects of Refugee Problems in Africa 제1조 2항에

서 "외부침략external aggression, 점령occupatin, 외국의 지배foreign domination, 또는 공공질서의 심각한 소요 상황events seriously disturbing public order"으로 인해 외국으로 도피를 강요받은 자를 난민의 개념에 추가로 포함시켰다. 비슷한 맥락에서, 중남미에서도 1984년 카르타헤나 선언Cartagena Declaration on Refugees을 통해 "일반화된 폭력generalized violence, 외국의 침략foreign aggression, 국제적 무력충돌international conflicts, 대량 인권침해massive violation of human rights, 또는 공공질서를 심각하게 교란하는 기타 상황other circumstances which have seriously disturbed public order"을 난민 관련 상황에 포함시켰다. 아시아에서도 2001년 아시아아프리카법률자문기구Asian African Legal onsultative Organization, AALCO 방콕난민원칙Bangkok Principles on Status and Treatment of Refugees에 상기 아프리카협약의 추가된 내용을 그대로 채택하기도 하였지만, 이는 법적 구속력이 없는 단순한 선언적 효력만 있는 문서였다는 한계가 있다(Cho 2018, 549-551, 553-554).

한편, EU는 난민refugee이라는 용어와 구별되게 실향민displaced persons이라는 용어를 사용하며 무력충돌 또는 만연한 폭력 armed conflict or endemic violence, 체계적이거나 일반화된 인권침해systematic or generalised violation of their human rights 상황에 처해 도망친 자들에게 일시적 보호temporary protection를 부여할 것을 2001년 EU 이사회 지침에서 규정하였다(Cho 2018, 551-553).

3) 소결

정리하자면, 협약난민 지위는 정치적 박해 여부를 개별 난민 지위 판정을 통해 결정하며, 인정되면 완전한 난민 지위 및 보호가 부여되는 보편적 제도다.

반면, 실향민 또는 전쟁난민은 무력충돌과 같은 집단적 인재 상황에 대처하기 위해 지역적으로 고안해 낸 개념으로, 인정되어도 일시적 보호 등 제한적 보호만을 부여받는 사람들을 일컫는다.

협약난민과 실향민(유민)의 비교

구분	협약난민	실향민(유민)
별칭	정치적 난민	인도적 난민, 사실상 난민, 전쟁난민, 피난민
상황	개별 난민	집단적 상황
사유	박해(정치적 등)	인재(무력충돌, 인권침해 등)
보호	완전한 난민 지위	일시적 보호
적용	보편적 적용	지역적(아프리카, EU 등)

한국을 포함한 아시아 국가들의 경우, 기본적으로 협약난민은 난민지위협약 당사국 지위에 따라 동일한 개념으로 적용될 수 있

지만, 실향민의 개념은 법적으로 적용될 수 있는 지역적 장치가 없다. 즉, 아시아에서는 전자에 대해서는 법적 보호를 부여하지만, 후자에 대해서는 기본적으로 인도적 지원만 재량적으로 부여할 뿐이다.

그러나 여기서 간과하지 말아야 할 것은, 상황에 따라 일견 단순한 전쟁난민 또는 실향민으로 보이는 사람들도 개념상 충분히 협약난민으로 인정될 수 있다는 점이다. 실제 적지 않은 EU 회원국에서는 시리아, 예멘 등 중동의 다양한 국가에서 내전을 피해 도망쳐 온 사람들에게도 전반적 상황 및 구체적 개인 상황에 따라 정식 난민 지위를 부여하는 경우가 빈번히 있는 것으로 알려져 있다.

4. 한국의 국내적 난민 개념과 최근 관행

한국 또한 1951년 난민지위협약의 당사국으로 난민 관련 국내 법령을 제정하고 이를 시행하고 있다. 한국의 지정학적 특성상 난민 상황이 상대적으로 빈번히, 그리고 대량으로 발생하지는 않지만, 최근에는 시리아 난민, 예멘 난민 등 다양한 관련 사건 및 판례 등도 등장한 바 있다. 또한, 한국은 해외 체류 탈북자에 대해 특별한 관심을 기울이고 있다. 최근에는 아프가니스탄에서 일단의 사람들을 특별수송해 와 특별한 지위를 부여하기도 하였다.

아래에서는 우선 한국의 국내법상 난민 및 기타 보호 대상에 대해 개괄적으로 살펴보고, 이어서 재외 탈북자 문제 및 최근의 관련 국내 관행인 제주 예멘인, 아프간 난민 사태 등을 어떻게 다루었는지에 대해 간단히 차례대로 난민 개념의 관점에서 검토한다.

1) 난민법상 난민 및 인도적 체류자

2012년 기존 출입국관리법의 난민 관련 내용이 분리돼 별도의 법률로 제정되어 2013년부터 시행된 난민법 제2조에서는 "난민신청자" 및 "난민인정자"에 더해 "인도적 체류자"에 대해서도 규정하고 있다. 여기서 "난민"이란 앞서 언급한 "협약난민"을 지칭하며, "인도적 체류자"란 이러한 "난민" 개념에는 해당하지 않지만 "고문 등의 비인도적인 처우나 처벌 또는 그 밖의 상황으로 인하여 생명이나 신체의 자유 등을 현저히 침해당할 수 있다고 인정할 만한 합리적인 근거가 있는 사람"을 말한다. 1951년 난민지위협약 당사국인 한국은 역시 당사국인 1984년 고문방지협약 및

1966년 자유권규약상의 강제송환금지원칙을 적용하기 위해 이러한 추가적인 지위를 만든 것으로 보인다. 물론 그 외에도 "그 밖의 상황"에 대한 해석에 따라 소위 "전쟁난민"의 경우에도 인도적 체류 지위를 부여할 수 있는 것으로 보인다(김진혜, 조정현 2020, 364-370).

참고로 "난민인정자"에게는 거주, 취업, 사회보장, 가족결합 등 다양한 처우가 보장되지만, "인도적 체류자"에게는 체류, 취업 허가, 의료지원 등의 제한적 혜택만이 부여된다.

2) 재외 탈북자의 협약난민 지위

현재는 많이 감소하였지만 10여 년 전까지 중국을 중심으로 최대 30만 명까지 체류한 적도 있다는 탈북자가 앞에서 논의한 "협약난민"에 해당하는지 검토한다. 물론 한국에 들어오면 탈북자는 우리 헌법상 국민의 지위를 바로 인정받기 때문에 굳이 난민 지위를 따로 검토할 이유가 없어진다. 그러나 중국 등 외국에 체류 중인 탈북자들에게는 이러한 국내법적 주장은 바로 적용될 수 없기 때문에, 실제 난민 지위 부여 가능성이 매우 중요하다. 결론적으로, 한국에 오지 않고 유럽이나 미국, 캐나다, 호주 등지로 직접 간 탈북자들은 대부분 정식 난민 지위나 적어도 2차적인 인도적 지위를 부여받고 현지에 잘 정착한 경우가 대부분이다.

일단 과거에 비일비재했듯, 재외 탈북자들이 식량난이나 경제적 빈궁을 이유로 탈북했다고 하면, 일견 경제적 이유는 협약난민의 개념 정의에 포함되지 않기 때문에 난민 지위를 부여받지 못할 것이란 주장이 충분히 가능하다. 그러나 북한의 내부 상황을 종합적으로 분석하면, 주로 탈북을 많이 하는 북쪽 연선 지역에 거주하는 북한 주민의 대다수는 적대계층으로 성분이 분류되고, 이에 따라 다양한 방면에서 조직적 차별을 과도하게 경험하는 경우가 결국 경제적 빈궁으로 이어지는 경우가 많아, 이러한 적대계층을 난민 개념 중 "특정 사회 집단의 구성원 신분"으로 해석하여 이들에 대한 박해를 입증할 수도 있다.

또한, 통상적인 민주국가라면 단순한 출입국관련법령 위반의 경우 가벼운 행정처벌 정도로 지나가는 경우가 많은데, 기본적인 이동의 자유가 엄격히 제한되는 북한의 경우에는 불법 월경의 경우 심하면 반국가범죄로까지 특별히 취급받을 가능성 등 매우 엄격한 처벌이 예상되기 때문에 이러한 이유로 전가된 정치적 의견 imputed political opinion이란 개념을 적용하여 난민 지위를 주장할 수도 있을 것이다. 유엔북한인권특별보고관도 이러한 주장을 종합적으로 반영하여, 탈북자들이 북한을 떠날 당시에는 비록 난민 정의에 부합하지 않았더라도 출국 이후의 변경된 상황으로 인해 결국 난민 개념에 부합하게 된 현지난민refugee sur place에 해당한다고 인정한 바 있다(조정현 2008, 204-212).

3) 제주 예멘 피난민과 인도적 체류 지위

2018년 상반기 약 500여 명의 예멘 출신 피난민들이 제주도로 입국하여 한국 정부에 난민 지위를 신청하였다. 예멘은 2015년 이래 내전 상황이 지속되고 있었으며, 이들은 병역기피 등 다양한 이유로 국내에 입국하였다. 결국, 이들 중 언론인 2명만 정식 난민 지위를 인정받았고, 나머지 대부분의 예멘인은 소위 "전쟁 난민"으로 취급되어 "인도적 체류자" 신분을 부여받았다(김진혜, 조정현 2020, 370).

물론, 우리 정부가 이들에게 인도적 체류 지위를 부여한 이유를 명확히 밝힌 것은 아니지만, 일부 예외적 상황이 인정되어 정식 협약난민 지위를 부여받지 않았다면, 이렇게 내전을 피해 온 사람에게 고문에 대한 우려를 이유로 인도적 체류 지위를 부여해 준 것으로는 보이지 않고, 따라서 내전과 같은 집단적 위기 상황에 대해 개별적인 난민 지위 판단을 하여 대부분 개별적인 인도적 체류 지위를 부여한 것으로 해석된다.

4) 아프간 특별기여자와 재정착 난민

 2021년 8월 미군의 철수와 동시에 이슬람 근본주의 세력인 탈레반이 아프가니스탄을 장악하고 서방 등 외국에 조력을 제공한, 소위 부역자들을 찾아내 처단하는 상황이 도래하자, 한국은 특별항공기를 보내 한국과 관련됐던 현지인 조력자들 중 일부를 국내로 이송시켜 약 400명에게 "특별기여자"라는 지위를 신설해 특별히 부여하였다.

 협약난민의 개념에 비추어 살펴보면, 이들은 외국계 기관 지원으로 인한 박해 가능성을 충분히 입증할 수 있을 것으로 보인다. 아마도 박해 사유는 역시 "특정 사회집단의 구성원 신분"이 될 것이다. 물론, 아직 정식으로 국경을 넘어 이동한 것까지는 아니었지만, 아마도 한국의 특별작전이 없었더라면 이들이 인접국으로 피신했을 가능성도 충분했기 때문에 외국에 체류 중이었다면 일반적인 난민 개념에 충분히 부합하는 것으로 판단된다.

 기존 한국의 난민인정 관행과 비교해 주목할 점은 난민법 제2조에 역시 규정되어 있는 "재정착희망난민"의 사례에 사실상 해당한다는 것이다. 미국, 캐나다 등 이민국가의 경우 통상 주요 난민 배출국당 쿼터를 배정해 매년 일정 수 이상의 해외 "난민"들을 본국에 정착시키는 관행이 활성화돼 있는데, 국제적 책임 분담 차원에서 이뤄지는 이러한 제도를 재정착resettlement이라 한다. 한국 또한 난민법 관련 규정에 근거해 2015년 12월 미얀마 소수민족 네 가족 22명을 한국에 최초로 재정착 난민으로 입국시킨 바가 있었는데, 이번의 사실상 재정착 사례는 나름 획기적인 시도였던 것으로 보인다.

그러나 난민을 난민이라 부르지도 못하고 한국에의 기여라는 관점에서 접근하여 굳이 "특별기여자"라는 지위를 신설해 한정된 범위의 대상자만을 선별적으로 받아들였다는 사실은, 다른 한편 아프가니스탄에서 박해의 위협에 직면에 있는 기타 다양한 상황의 난민인정 가능성이 높은 수많은 사람들의 존재를 고려할 때 상당히 협소한 접근으로 비판받을 여지 또한 충분해 보인다.

5. 결론

이 글에서 살펴봤듯이, 국제적으로 좁은 의미의 "협약난민"뿐 아니라 기타 전쟁난민 등으로 보호의 범위를 확대하기 위한 다양한 지역적 노력이 확인된다. 예를 들어, 최근 발생한 우크라이나 전쟁으로 인한 대규모 "실향민" 유입에 대해 폴란드를 비롯한 EU 국가들은 2001년 EU 지침에 의거 "일시적 보호"를 제공하기 위해 노력하고 있는 것으로 알려진다.

한국 또한 EU와는 제도적으로 다르고 미비한 점도 많지만, "인도적 체류"라는 2차적 지위를 통해, 소위 전쟁난민에 대한 개별적 판단으로 유사한 일시적 체류 지위를 부여하고 있다. 최근의 2018년 예멘인 사례는 이러한 모습을 보여 준다.

그러나 보다 관심 있게 살펴봐야 할 점은, 좁은 의미의 "협약난민"에 충분히 해당할 수 있는 사람들에 대해서도 지나치게 엄격한 잣대를 들이대며, 가능하면 난민 지위를 공식적으로 부여하지 않고 손쉽게 인도적 체류 지위를 대신 부여하지는 않는가 하는 점이다. 사실 난민 개념을 확대하는 노력도 중요하지만, 동시에 이미 확립된 난민 개념을 실제 사례에서 정확히 그리고 적절히 잘 적용하는 것도 매우 중요한 일일 것이다.

아울러 국제적 책임 분담 및 연대 차원에서 조금씩 확대시키고 있는 한국의 "재정착 난민" 제도에 있어서도, 2021년 아프간 특별기여자 사례에서 볼 수 있었던 것처럼 기존의 제도가 무색하게 특별제도를 신설하는 것보다는, 기존의 제도를 중장기적 계획 수립과 함께 정비하여, 좀 더 관대하고 좀 더 비차별적인 방식으로 해외 난민에게 적용할 방안을 구체적으로 마련하는 것이 보다 바람직할 것이다.

참고자료

김진혜, 조정현(2020), 「인도적 체류지위의 정의규정에 관한 연구」,
『저스티스』 180, 356-392.

유엔난민기구(2022), 「위기의 우크라이나」, 『With You』 44, 4-9.

조정현(2008), 「Republikflucht(국가탈출죄)'의 법리 및 탈북자문제에
의 적용」, 『서울국제법연구』 15(2), 191-215.

_____(2011), 「난민지위협약상 박해의 이유」, 정인섭, 황필규(편저),
『난민의 개념과 인정절차』, 경인문화사, 113-132.

_____(2017), 「자국 우선주의 정책과 국제법상 난민·이민자 보호: 트
럼프 행정부의 미국 우선주의를 중심으로」, 『국제법평론』 47,
37-56.

Cho, Jung-hyun(2018), "A Study on Expanded Refugee Concept for
Large-scale Displacement Crises," 『외법논집』 42(1), 539-564.

6장

허위난민면접조서 사건을 통해 본 난민심사 제도의 문제점과 개선 방향

권영실
재단법인 동천

허위난민면접조서 사건을 통해 본
난민심사 제도의 문제점과 개선 방향

1. 사건의 개요

이 사건의 원고 M은 정치적 박해로 인한 신분의 위협을 받아 2016년 5월 아내와 함께 대한민국에 입국한 이집트 국적자이다. M은 대한민국에 입국한 후 곧바로 서울출입국관리사무소(현 서울출입국·외국인청)에 난민인정 신청을 하면서 본국에서 자신의 정치적 활동 내용과 그로 인한 박해 사유에 대해 자세히 적어 제출하였다. 그리고 얼마 후 난민전담공무원 C와 아랍어 통역인 J가 실시한 난민면접을 받았는데, 불과 3일 만에 난민불인정결정을 받게 되었다. M은 법무부에 이의 신청을 하였으나 기각되었고, 2017년 7월 서울행정법원에 위 처분의 취소를 구하는 소를 제기하였다. 한국어를 전혀 하지 못했던 M은 소송을 제기한 시점까지도 본인이 어떠한 사유로 난민인정을 받지 못했는지 정확하게 알지 못하였다. 이후 공익소송으로 M의 사건을 맡은 변호사들의 조력을 받으면서 비로소 난민면접조서에 심각한 하자가 있었다는 것을 알게 되었다.

M의 난민면접조서에는 본인의 의사나 진술과는 전혀 다른 허위의 내용이 기재되어 있었다. 일반적인 상식으로는 난민 신청자가 진술한 것이라고 볼 수 없는, 난민 신청자에게 매우 불리한 내용이 기재되어 있었다. 예를 들면 난민면접의 핵심사항인 "난민 신청 사유를 말하시오"라는 질문에 대해서 "한국에서 장기간 합법적으로 체류하면서 일을 하여 돈을 벌 목적으로 난민 신청을 하였습니다"라고 답변하고, "난민 신청서에 기재된 난민 신청 사유는 모두 거짓인가요?"라는 질문에는 "예, 모두 사실이 아닙니다. 난민 신청을 하려고 사유를 거짓으로 기재했습니다"라고 되어 있었다. 그리고 난민불인정 사유서에는 M이 난민면접에서 스스로 이처럼 진술하였기 때문에 불인정한다고 기재되어 있었다. 정치적 소신에 따라 행동을 하다가 박해를 피해 온 M은 한국 정부가 자신의 난민 신청 사유를 단지 돈을 벌 목적으로 왜곡하였다는 사실을 알고 큰 충격을 받았다.

문제는 이와 같은 사례가 M에게만 국한된 일이 아니었다는 점이다. 2017년 중순부터 아랍어권 난민 신청자들을 중심으로 난민면접이 졸속으로 이뤄졌을 뿐만 아니라, 난민면접조서에 본인들이 진술하지 않은 내용들이 기재되었다고 주장하는 사례들이 나타났다(이하 '허위난민면접조서 사건'). 난민지원 단체들이 이러한 문제점을 파악하여 피해사례를 수집하고 공론화할 무렵,

서울행정법원에서 최초로 난민면접의 절차적 하자를 이유로 허위난민면접조서 사건의 피해자에 대한 난민불인정 처분을 취소하는 판결을 선고하였다(서울행정법원 2017. 10. 12. 선고 2017구단4294 판결). 이후 서울출입국·외국인청은 위 판결 사안과 비슷한 시기에 면접을 실시한 사건을 내부적으로 조사하여, 소송이 진행 중인 사건 위주로 난민불인정 처분을 직권으로 취소하였다. M에 대한 난민불인정결정도 2017년 12월 직권취소 되었고, 이에 따라 진행 중이던 M의 행정소송도 소취하 하게 되었다. 이후 M에 대한 난민면접이 다시 이뤄졌고, M의 가족(아내와 한국에서 태어난 자녀)는 2018년 3월 난민 지위를 인정받았다.

법무부는 허위난민면접조서 사건을 총 55건의 난민불인정 처분을 직권취소한 것으로 일단락하고자 하였다. 그러나 취소된 사례 이외에도 면접조서에 허위내용이 기재된 다른 사건들이 있다는 것이 드러났다. 이에 2018년 7월, M을 포함한 5명의 피해자들은 국가인권위원회에 진정을 제기하였고, 이후 M은 2018년 9월 난민전담공무원 C, 통역인 J 및 대한민국을 상대로 이 사건 국가배상청구소송(서울중앙지방법원 2021. 12. 3. 선고 2018가단5200580 판결, 이하 대상판결)을 제기하였다.

이하에서는 시민사회에서 허위난민면접조서 사건을 문제 제기한 과정과 국가인권위원회의 결정 및 대상 판결을 검토하여, 난민심사 제도의 개선 방향에 대해 제언하고자 한다.

2. 시민사회의 대응 및 국가인권위원회의 권고

1) 시민사회의 문제 제기 과정[1]

처음 허위난민면접조서 사건이 제기되었던 시점에는 특정 통역인의 위법한 업무수행에 초점이 맞춰졌다. 서울행정법원 판결 이후, 서울고등법원에서도 난민면접에서의 절차적 하자를 인정하면서 "유독 아랍어 통역인 J가 통역한 난민면접조서에 그와 같은 기재가 많다는 것은 아랍어 통역인 J의 통역 내용이나 통역 방식 등에 심각한 문제가 있다는 것을 의미한다"고 판시하여(서울고등법원 2018. 6. 27. 선고 2017누47245 판결), 통역인의 비위를 확인하였기 때문이다. 이후 언론보도 역시 통역의 문제에 초점을 맞춰 통역의 질, 통역 오류, 난민 전문 통역인 관련 시스템의 문제로 사건을 국한하여 보도하였다(조효석 2018). 그러나 통역인 개인의 일탈로 보기에는 실제로 난민면접을 주도하는 공무원이 허위로 기재된 내용을 몰랐을 리 없고, 피해가 의심되는 난민면접을 담당한 공무원이 여럿 있었으며, 난민심사를 총괄하는 난민심사관 및 이를 용인한 법무부 내부의 구조적인 책임도 피할 수 없었다.

그럼에도 법무부는 이와 같은 사건이 발생한 원인과 경위에 대해 조사하거나 피해자들을 위한 구제 조치를 이어 나가지 않았고, 법무부의 공식적인 입장도 밝히지 않았다. 이에 재단법인 동천과 난민인권센터는 2018년 7월 18일 M을 포함한 5명의 피해자들을 대리하여 국가인권위원회에 진정을 제기하였고 기자회견을 열었다.[2]

한편 2018년 여름은 제주도에 입국한 예멘 난민들로 인해 한국의 난민 제도 전반에 대한 관심이 뜨거워진 때였다. 기자회견 이후 언론보도가 잇따르자, 법무부는 2018년 9월 두 차례 설명자료를 배포하여 내부 조치에 대해 해명하였다. 법무부가 직권취소를 한 사건 수와 재면접을 실시한 결과를 공개하였고, 후속 조치로 통역인 전원에 대한 조사 및 난민 업무 담당자에 대한 교육을 확대하였으며, 난민면접 과정의 녹음·녹화를 전면 실시하고 향후 담당 인력을 증원하는 등의 인프라 구축을 추진하겠다고 발표하였다(법무부 2018a, 2-3). 그러면서도 서울행정법원 판결은 난민면접이 부실하게 진행되고 필수적인 질문이나 확인 절차가 누락되거나 형식적으로 이루어져 절차적 하자가 인정된 것이라고 제한적으로 사건의 의미를 한정하면서, 법무부가 난민심사 절차를 조직적으로 왜곡하였다는 점에 대해서는 선을 그었다(법무부 2018b, 1-2).

이후 언론의 적극적인 취재가 이어져, 2016년경 당시 법무부 내부적으로 신속심사 지침을 운영하여 간이면접 후 심사를 종료

하도록 지시하였다는 사실과 허위난민면접 피해 사례들은 모두 신속심사로 분류되었던 정황이 드러났다. 당시 난민심사 적체에 대한 해소 방안으로 태스크포스Task Force, TF를 운영하였고 신속·집중·일반·정밀의 4단계로 난민 신청 건을 분류하였는데, 그중 아랍권 난민 신청자의 사건은 대부분 신속으로 분류하고 면접을 간이하게 진행하였던 것이다. 그러나 이에 대해 법무부는 신속 심사는 난민법 제8조 제5항에 의해 이뤄진 것이며 실무상 면접과 사실조사를 완전히 생략하지는 않았다는 답변만 했을 뿐, 자세한 사항은 밝히지 않았다(난민인권센터 2020, 68-77).

2) 피해자 증언대회 및 법무부의 재심사 방침

그로부터 1년이 지나도록 추가 피해자들에 대한 회복 조치가 없자, 난민인권센터에서는 2019년 6월 18일 피해자증언대회를 마련했다(난민인권센터 2019, 10-35). 피해자들의 생생한 증언을 통해 난민면접 당시의 상황 및 그 후 피해사항에 대해 들을 수 있었고, 법무부가 자체 조사를 통해 직권취소한 사건 외에도 피해 사례가 다수 있다는 문제가 제기되었다. 언론취재에 의해 2015년 9월부터 운영된 법무부의 지침이 공개되기도 하였는데, 해당 지침에 따르면 신속심사 대상자를 난민법에서 정하는 사유보다 확대하여 구체적으로 유형화하였고, 사실조사를 생략하도록 하고 있었다. 또한 각 사무소마다 신속심사 적용 대상에 대한 처리비율 40% 수준을 유지하고 원칙적으로 7일 이내 처리하도록 지시하였다(박상준 2019).

시민단체 및 언론을 통한 문제 제기가 계속되자, 이후 법무부는 시민사회와 협의하는 자리를 마련하였고, 2020년 2월 신속심사를 운영하였던 기간 내 난민면접을 받은 난민 신청자에 대해 전면 재심사를 하는 방침을 내놓았다. 신속심사를 확대하여 실시하도록 지시했던 일자(2015.09.04.)부터 면접 녹화를 전면 실시하게 된 시점(2018.07.01.)까지 아랍어 통역을 통해 난민면접을 한 번이라도 본 경우 다시 심사를 받을 수 있는 방침을 마련한 것이다. 기타 처우에 관련한 사항은 일반 난민 신청자가 처음 난민 신청을 하는 것과 동일하게 처리하겠다고 밝혔다(이재호 2020). 재심사 방침은 2022년 2월 현재까지도 시행 중이며, 2021년 10월 기준 총 804명이 재신청을 하였고, 그중 578명에 대해서는 아직 법무부 단계에서 심사 진행 중이며, 4명에 대해 인도적 체류허가를 부여하였다(법무부 2021).

3) 국가인권위원회 결정

국가인권위원회는 진정이 제기된 지 2년이 지난 2020년 9월 10일 '난민면접조서 허위 기재 등으로 인한 인권침해' 사건에 대해 국가와 공무원의 난민면접조서 허위 기재 사실을 인정하면서, 난민심사제도 운용에 있어 법무부의 책임도 있다고 판단하였다 (국가인권위원회 2020.9.10. 자 18진정0572400 결정, 이하 이 사건 국가인권위원회 결정).

국가인권위원회는 난민전담공무원 C 외에도 허위면접사건 당시 서울출입국관리사무소에서 중동아랍권 신속심사를 진행했던 3명의 공무원 모두에 대해 "난민면접 심사에서 자신의 개인적 판단이 의사결정에 영향을 미치지 않도록 주의할 의무를 소홀히 하였다"고 보았고, 통역인 J에 대해서는 "난민 통역인의 윤리를 준수하지 못하였고", "법무부 또는 법적 의무로 규정한 난민면접조서의 확인 절차를 소홀히 한 것"으로 판단하였다.

나아가 조사 결과, 법무부의 신속심사에 대해서도 문제점을 지적했다. 당시 난민심사 적체의 해소 방안으로 신속심사를 도입하면서 지침에 의해 신속심사 처리 비율을 40% 수준으로 유지하도록 하였는데, 서울출입국관리사무소는 2016년에 심사한 사건 중 68.8%을 신속심사로 처리하였고, 특히 이집트 국적의 난민신청자들은 94.4%가 신속심사로 난민면접을 받았다는 점을 확인하였다.

법무부가 직권취소한 55건은 모두 공무원 □□□이 2016년
에 ○○사무소 난민전담공무원으로 근무하면서 난민면접 심
사를 실시한 난민인정 신청으로, 해당 신청들은 「난민법」제
8조 제5항에 따라 신속심사로 분류할 만한 사정이 있다고 보
기 어렵고, 오히려 난민심사 적체 해소를 위해 마련된 난민심
사 유형 분류 및 신속심사 적용 대상 처리 비율 방안을 남용
한 결과로 보인다. 특히 이집트 국적의 난민 신청자 838명 중
791명이 신속심사 결과 난민불인정결정을 받았으나, 이들 중
일부가 난민불인정결정 취소에 의해 다시 적법한 절차에 따
른 난민면접 심사를 받고 난민 지위를 인정받았다는 사실에
서 자명해진다. (국가인권위원회 2020, 30-31)

즉 국가인권위원회는 해당 결정을 통해 난민면접조서 허위 기
재 사건의 원인에 공무원 및 통역인 개인의 일탈도 있지만, 법무
부가 난민 신청자들이 난민 제도를 남용한다는 것을 전제로 신속
심사 정책을 수립하고, 특정 국가 출신의 중동아랍권 난민 신청
자들에 대해서 신속심사를 적용한 점에서 법무부의 난민심사 정
책 방향과 내부의 구조적인 문제가 있었음을 드러냈다.
국가인권위원회는 이 사건 결정을 통해 법무부장관에게 ① 난

민법 개정을 통해 난민면접 과정에서의 녹음·녹화를 의무화하고, 난민 신청자에게 녹음·녹화 파일을 포함하여 난민면접 과정에서 생성된 자료에 대해 열람과 복사를 보장할 것, ② 난민 신청자에게 난민면접조서를 교부하면서 난민전담공무원, 통역인, 난민심사관의 이름을 삭제하는 관행을 시정할 것, ③ 난민전담공무원, 통역인, 난민심사관의 전문성과 공정성 강화를 위한 훈련 과정과 평가 제도를 마련할 것, ④ 난민법상 난민심사관에게 부과된 의무를 분담하는 난민전담공무원에 대한 실질적 관리감독 방안을 마련할 것을 권고하였다.

3. 대상 판결

1) 사건의 당사자 및 청구의 요지

원고 M은 피고들이 난민법상 난민면접을 충실히 수행할 의무, 난민면접 종료 후 조서 내용을 구체적으로 확인할 의무 등을 위반하였다고 주장하면서 난민면접을 담당하였던 난민전담공무원 C와 통역인 J, 그리고 대한민국을 피고로 하여 손해배상청구소송을 제기하였다. 구체적인 근거로 난민면접 당시 원고에게 박해 사유에 대해 설명할 기회를 주지 않은 점, 원고가 난민 신청서에 기재한 난민 신청 사유에 대해 전혀 질문하지 않은 점, 실제 난민면접 소요시간이 20분 정도에 불과하다는 점, 원고가 추가로 입증자료를 제출할 수 있다고 하였음에도 이를 무시한 점, 면접조서에 기재된 박해 사항에 대한 문답을 원고에게 제대로 확인시켜 주지 않은 점, 무엇보다 원고가 진술한 적이 없는 내용이 면접조서에 기재된 점 등을 들었다. 이는 단순히 업무과다로 인한 누락, 실수 내지 오역 정도로 볼 수 없고, 고의로 허위의 면접조서를 작출한 것이므로 국가배상법상 책임을 지는 대한민국을 포함하여 피고들이 공동으로 손해배상책임을 부담해야 한다는 것이 청구 취지였다.

원고의 손해로는 난민 지위가 인정되지 않은 기간 동안 난민 인정을 받았다면 원고가 받을 수 있었던 기초생활수급비 및 한국에서 출생한 자녀에 대한 수당 및 원고가 입은 정신적 피해에 대한 위자료의 배상을 구하였다.

2) 쟁점 및 판결의 요지

ㄱ. 국가배상의 상호주의 원칙

이집트 국적자인 원고에 대하여 국가배상법이 적용되는지가 쟁점이 되었다. 국가배상법 제7조는 외국인의 국가배상청구권의 발생 요건으로 '외국인이 피해자인 경우에는 해당 국가와 상호보증이 있을 것'을 요구한다. 이에 대해 대법원은 "우리나라와 외국 사이에 국가배상청구권의 발생 요건이 현저히 균형을 상실하지 아니하고 외국에서 정한 요건이 우리나라에서 정한 그것보다 전체로서 과중하지 아니하여 중요한 점에서 실질적으로 거의 차이가 없는 정도라면 상호보증의 요건을 구비했다"고 봐 왔다(대법원 2015. 6. 11. 선고 2013다208388 판결 참조). 이 사건에서 원고 측은 이집트 민법 제163조와 제174조, 이집트 형사최고재판소의 해석 내용 및 이에 대한 이집트 변호사의 의견서를 제출하여 상호보증의 요건을 구비했음을 입증했고, 법원도 이를 인정하여 원고가 피고 대한민국을 상대로 국가배상을 청구할 수 있다고 보았다.

ㄴ. 난민법상 의무 불이행 여부

피고들이 난민법상 의무를 다하였는지는 통역인 J와 공무원 C가 난민법에서 정한 일정한 자격을 갖추었는지, 난민면접을 충실히 수행하였는지, 면접이 실제로 얼마나 오래 걸렸는지, 박해 사항에 대한 필수적인 질문을 하였는지, 난민 신청서에 기재된 사유에 대한 확인을 하였는지 등이 쟁점이 되었다. 피고들은 원고에게 난민 신청 사유를 거듭 확인하였음에도 원고가 한국에서 일하면서 돈을 벌 목적이라고 대답하였으므로 허위 통역 내지 허위 내용으로 조서를 작성한 것이 아니며, 당시 체류 기간 연장의 목적으로 난민 신청을 하고 실제로 난민면접에서 그와 같이 대답한 사례들이 다수 있었다고 주장하였다. 또한 면접 시간의 길이는 난민면접이 충실하게 이루어졌는지 여부와는 별다른 연관이 없고, 면접조서에 원고의 인적사항 등에 관한 내용은 정확히 기재되어 있어 임의로 왜곡된 것이라 보기 어렵다고 주장하였다.

피고들이 객관적 주의 의무를 현저히 결여하였다는 점을 밝히기 위하여 원고 당사자신문과 증인신문을 진행하였다. 증인신문을 통해 다른 피해자들의 증언을 듣고자 하였지만, 당시 법무부의 직권취소로 인해 대부분 재심사가 진행 중이었으므로 증인으로 나서는 피해자가 없었다. 피해자 중 한 명이 진술서를 작성하여 증거로 제출할 수 있었고, 원고의 아내이자 동일한 피해를 입은 S만 증인신문에 임하였다. 4회 기일에 걸쳐 총 12시간 가까이 진행된 당사자신문 및 증인신문을 통해 피고들이 난민 신청자에게 '예', '아니오'로만 대답하라고 지시하고, 박해 사항에 대해 자세히 진술하려고 하면 멈추게 했던 구체적인 정황 등 면접 당시의 전반적인 분위기와 난민 신청자를 대했던 태도가 여실히 드러 났다.

소송 기간이 길어지면서 앞서 소개한 시민사회의 지속적인 문제 제기 및 언론의 취재를 통해 다수의 구체적인 피해사례와 당시 법무부의 신속심사 지시 정황들이 밝혀졌다. 소송 도중에 법무부는 재심사 방침을 시행하였고, 이후 국가인권위원회의 권고가 발표됨에 따라, 관련 자료가 이 사건의 증거로 제출되었다.

ㄷ. 면접조서 내용 확인절차

난민법은 면접조서의 기록 사항을 구체적으로 확인할 수 있도록 할 의무를 규정하고 있다(난민법 15조, 동법 시행령 제7조). 피고들은 원고가 면접조서 말미에 "면담기록이 본인의 진술내용과 일치함을 통역인을 통하여 확인하고 서명함"이라는 내용을 아랍어로 직접 적고 매 쪽마다 서명까지 했으므로 면접조서 내용에 대해 충분히 설명 들은 것이라고 항변하였다. 이에 대해 원고는 면접조서 확인 절차에서 통역인과 공무원이 조서 내용을 문장 단위로 모두 통역하여 읽어 주지 않고 단순히 원고의 기본 정보를 간략하게 언급하였기에, 원고는 본인의 인적사항에 대한 정보가 일치한다는 취지에서 이를 확인한다고 기재한 것이라고 반박하였다.

원고가 통역인의 지시에 따라 기재하였던 아랍어 문장 중

"bayānātī(바야나티)"라는 단어의 의미가 쟁점이 되었는데, 원고는 이 단어가 한글로 기재된 '진술내용'이라는 의미와 사뭇 달리 대체로 '기본적인 정보'를 뜻한다고 주장하였다. 즉 통역인이 옮겨 적으라고 한 아랍어 문장의 뜻이 '면담 내용이 본인의 정보와 일치'한다는 의미라고 이해하였고, 그래서 당시 이상한 점을 느끼지 못했다는 취지였다. 원고 측은 해당 단어의 의미에 대해 원고의 주장과 일치하는 이집트 아랍어 전문가의 의견서를 제출하였으나, 피고 측 역시 해당 단어가 '진술'의 의미로도 해석될 수 있다는 기관들의 의견을 제출하였다. 이에 대해 법원은 단어의 의미에 대해 각기 다른 견해가 있다고만 언급하였다.

ㄹ. 판결의 요지

대상판결은 공무원 C와 통역인 J가 담당하였다가 법원에 의해 난민불인정 처분이 취소된 유사 사건의 경과를 상세히 살피고, 원고의 난민면접조서에 모순된 기재가 많은 점, 지나치게 형식적이고 간략하게 되어 있는 점, 원고에 대해 필수적으로 물어봤어야 할 내용들이 생략된 점, 면접 진행 시간이 부족하였던 사정 등에 비추어 원고의 본인 신문 결과와 증인의 증언이 신빙성이 있다고 보았다. 이에 공무원 C와 통역인 J가 각 고의 또는 중과실에 의하여 난민면접조서를 허위 내용으로 부실하게 작성하여 자신들의 의무를 위반하였고, 대한민국은 국가배상법에 따라 손해를 배상할 책임이 인정되어, 피고들이 공동으로 원고에게 재산상 손해 2,200만 원과 위자료 1,500여 만 원을 합하여 총 3,700여 만 원을 배상하라고 판결하였다.

3) 대상판결의 의의 및 문제점

대상판결은 공무원이 난민심사를 하면서 허위로 면접조서를 작성해 불인정 결정을 한 것에 대해 국가가 손해배상금을 지급해야 한다는 취지로 내려진 첫 판결이라는 데 의미가 있다. 또한 난민 신청 심사 과정에서 가장 핵심적인 조사 절차로서의 난민면접의 중요성을 확인하고, 이를 담당하는 공무원과 통역인의 의무를 구체적으로 확인했다는 점에서 의의를 찾을 수 있다.

난민인정 여부는 난민면접에서 작성된 난민면접조서를 기준으로 결정하게 되는데, 난민의 특성상 당사자의 진술 외 다른 증거자료를 확보하기 어려운 경우가 많다. 대상판결은 이러한 점을 고려하여 난민면접을 통한 난민 신청자의 진술에 의지하여 난민심사가 이뤄진다는 점을 강조하였다. 또한 난민면접 시 난민전담공무원과 통역인의 의무를 구체적으로 나열하였는데, 난민전담공무원은 난민 신청자가 자신의 박해 사유에 대하여 충분히 설명할 수 있도록 기회를 주어야 하고, 난민 신청자가 진술한 위협 내용뿐만 아니라 난민 신청서에 적혀 있는 난민 신청 사유에 대해서도 심도 있게 질문하고 답변을 유도하여 박해 사항을 깊이 조사하고 충실한 면담이 이루어지도록 할 의무가 있다고 보았다. 통역인의 경우 난민 신청자의 진술을 정확하게 통역하고, 그 통역한 내용이 왜곡 또는 조작 없이 면접조서에 정확하게 기재되었는지 확인할 의무, 난민 신청자에게 그 내용을 통역해 정확히 그 진술이 반영되었는지 확인할 수 있도록 하여야 할 의무가 있음을 확인하였다.

대상판결에서 판시한 바와 같이 난민 사건에서 난민 신청자의 진술이 결정적인 증거가 될 수밖에 없으므로 난민면접은 난민 신청자가 자신의 박해 사유에 대하여 충분히 설명할 수 있도록 자유로운 분위기 속에서 진행되어야 하고, 난민 신청자뿐만 아니라 난민전담공무원의 모든 진술까지 왜곡 없이 정확하게 기재되어야 한다. 이를 위해 유엔난민기구의 난민인정 절차 지침에서는 난민면접과 관련한 심사관 및 통역인의 역할과 의무를 규정하고 확인하고 있다(유엔난민기구 2014, 37-40).[3] 대상판결은 이러한 규정에 부합하는 수준의 심사관과 통역인의 구체적인 의무를 명시하였다는 점에서 의의가 있다.

다만 대상판결은 법무부가 난민심사 적체에 따른 해소 방안으로 이집트인에 대한 난민면접 조작사건은 신속심사로 분류하였다는 사실은 인정하면서도, 이에 대한 법무부의 불법 행위 책임을 별도로 언급하지는 않아 다소 아쉬움이 남는다. 아래에서 살펴보듯 법무부가 법률에 근거가 없는 사유까지 포함하여 신속심사 제도를 운영한 점, 사실상 특정 국가 출신 난민 신청자를 신속심사 대상으로 분류하도록 지시한 정황이 드러났다. 이와 같은 난민심사 제도의 운영 및 그 과정에서 난민면접 절차에 명백한 하자가 있음에도 적절한 관리·감독 없이 허위로 작출된 난민면접조서를 승인하고 난민불인정 처분을 한 점은 난민법 및 난민협약에 따라 주어진 난민보호의 의무를 저버린 행위에 해당하므로, 공무원의 불법 행위로 인한 국가배상법상 국가의 책임 외에도 대한민국의 독자적인 불법 행위가 인정되어야 할 것이다. 2022년 2월을 기준으로 대한민국을 제외한 공무원과 통역인이 항소를 제기하여 2심 사건이 진행 중이다(서울중앙지방법원 2021나81785 사건).

4. 사건에서 도출되는 난민심사 제도의 문제점 및 향후 과제

1) 신속심사 제도의 운영

법무부는 신속심사 대상자를 확대하여 적용하고, 그 대상자에 대한 사실조사를 생략하도록 지시[4]한 근거에 대해 난민법 제 8조 제5항에 의한 조치라고 해명했다(난민인권센터 2020, 75). 본 조항에서는 ① 거짓 서류의 제출이나 거짓 진술을 하는 등 사실을 은폐하여 난민인정 신청을 한 경우, ② 난민인정을 받지 못한 사람 등이 중대한 사정의 변경 없이 다시 난민인정을 신청한 경우, ③ 1년 이상 체류하고 있는 외국인이 체류 기간 만료일에 임박하여 난민인정 신청을 하거나 강제퇴거 대상 외국인이 그 집행을 지연시킬 목적으로 난민인정 신청을 한 경우, 난민심사 절차의 일부를 생략할 수 있다고 규정하고 있다. 해당 규정 각호의 사유는 예시 조항이 아닌 열거 조항이므로, 규정된 사유 이외의 사유에까지 심사 절차를 생략할 수 없다. 그럼에도 불구하고 법무부는 적체현상을 해소하고자, 특정 아랍권 난민 신청자를 신속심사로 분류하여 심사 절차의 일부를 생략할 수 있는 대상을 부당하게 확대하여 적용했다.

난민심사 절차의 일부를 생략하도록 허용하고 있는 해당 규정은 각 호의 사유가 심사를 생략하기엔 부당한 측면이 있다는 점, 절차의 구체적인 운용에 관한 사항이 규정되어 있지 않다는 점, 간이절차가 남용됨으로써 난민의 인권 보호가 취약해질 수 있다는 문제점으로 인해 지속적으로 비판의 대상이 되어 왔다.[5]

물론 난민인정 절차는 가능하면 신속하게 이루어져야 한다. 난민인정은 절차가 늦어질수록 개인의 심사가 지연된다는 문제가 있을 뿐만 아니라, 전체적으로 적체되어 난민 제도가 체류 연장을 위한 방편으로 잘못 활용될 동력이 커질 수 있기 때문이다. 그러나 신속성은 충분한 수의 전문성 있는 심사 인력의 확보를 통해 궁극적으로 달성할 수 있는 것인 반면, 심사 절차의 생략은 난민 신청자의 절차적 권리를 저해할 수 있으므로 신중히 적용해야 한다. 유엔난민기구는 당사국이 신속한 방식의 난민심사절차를 도입할 경우에도 난민불인정결정의 특수성을 고려하여 자격을 갖춘 심사관에 의한 완전한 개별 면접, 난민심사에 대한 전문성 있는 기관에 의한 결정, 불인정 결정에 대해 강제송환 전 이의 신청권 보장 등의 최소한의 절차적 보장이 구비되어야 한다고 확인한 바 있으며, 난민 신청자가 허위 서류를 제출하였다는 사실만으로는 난민 신청이 남용적이거나 허위의 신청이라고 단정할 수 없으므로 신속절차가 적용되면 안 된다고 밝히기도 하였다

(이탁건 2019, 76-77).

허위난민면접조서 사건을 계기로 본 규정에 대한 다양한 논의가 이뤄졌는바, 신속심사 제도의 개선 방향으로는 난민면접은 원칙적으로 생략될 수 없음을 명시하고, 현행 신속심사 사유를 재검토하여 난민 신청자의 절차적 권리를 부당하게 제한하지 않도록 최대한 좁게 규정할 것, 공무원에게 과도한 재량을 허용하지 않도록 구체적인 운용에 관한 규정을 둘 것, 신속심사 절차 개시후 통상 절차로의 전환에 관한 규정을 둘 것, 신속심사 대상자임을 당사자에게 통지하고 운영 현황을 투명하게 공개할 것 등이제시되고 있다(이상현 2019, 69-71).

2) 난민면접 녹음·녹화

이 사건에서 난민면접이 졸속으로 이뤄질 수 있었던 것은 난민면접이 난민전담공무원, 통역인, 난민 신청자만이 있는 공간에서 진행되고, 이에 대한 어떠한 모니터링이나 녹음·녹화가 진행되지 않았다는 점에 있다. 난민법 제8조 제3항에서는 난민 신청자가 녹음·녹화를 요청할 경우 거부해서는 안 된다고 규정하고있으나, 피해 사건 중 녹음·녹화가 이뤄졌거나 이에 대한 난민신청자의 의사를 확인한 사례는 없었다.

난민면접 과정의 녹음·녹화는 난민 신청자의 진술 및 통역의 정확성을 담보할 뿐만 아니라, 추후 난민심사의 적절성을 모니터링하고 평가하기 위해서도 매우 중요하다. 법무부도 이 사건 이후 난민면접 녹음·녹화를 전면 실시하는 조치를 시행하겠다고 발표했고, 이 사건 국가인권위원회 결정에서도 난민면접 녹음·녹화를 의무화하고 관련 자료에 대한 열람과 복사를 보장하도록 권고하였다. 국가인권위원회 권고 이행 현황에 대해 정보공개청구를 한 결과, 법무부는 2018년 7월부터 난민면접을 실시하는 모든 지방출입국·외국인관서는 본인이 요청하는 경우를 제외하고 의무적으로 녹화하고 있다고 답변하였다(법무부 2021). 면접 시작 전 난민 신청자의 의사를 확인하고 영상녹화를 하고 있다는 점은 유의미한 변화이나, 해당 파일을 복사해 주지는 않고 특정 시간 및 장소에서 열람하도록만 허용하고 있다는 한계가 있어 개선이 요구된다(김연주 2020, 31-32).

3) 난민심사 공무원의 공정성, 전문성 및 책임성

난민법은 일정한 자격을 갖춘 난민심사관이 면접 및 사실조사를 실시하도록 하고 있다(난민법 제8조 제4항, 난민법 시행령 제6조).[6] 그러나 실제로는 이 사건과 같이 난민심사관이 아닌 난민심사관을 도와 난민 보조업무를 수행하고 있는 난민전담공무원이 면접 및 사실 조사를 담당하고 난민인정 여부를 실질적으로 결정하는 방식으로 운영되고 있으며, 난민심사관이 개별사건을 충분히 검토하고 있지 않은 실정이다. 그동안 이에 대한 법적 근거가 불명확하고, 난민전담공무원의 자격 및 업무 수행 범위, 교육이수 여부 등이 불확실하다는 측면에서 여러 비판이 제기되어 왔다(김연주 2020, 19-23).

난민전담공무원이 난민심사관의 업무를 보조하여 면접을 실시한다고 하더라도, 그 면접 내용의 적정성은 난민심사관이 총괄하여 심사하는 방식으로 운영되어야 하므로(서울고등법원 2019. 3. 29. 선고 2018누71801 판결)[7], 난민심사관을 난민심사를 진행하는 각 출입국관서에 배치할 수 있도록 증원하고, 국가인권위원회의 권고와 같이 난민심사관에게 부과된 의무를 분담하는 난민전담공무원에 대한 실질적 관리감독 방안을 마련하여야 할 것이다.

한편 법무부의 방어적인 난민심사 정책의 방향은 담당 공무원의 난민 신청자를 바라보는 인식에까지 영향을 미친 것으로 보인다. 대상판결 소송 진행 과정에서 공무원 C와 통역인 J는 원고를 비롯한 다수의 난민 신청자가 당시 체류기간 연장만을 목적으로 난민 신청을 하였고 원고도 마찬가지라는 입장을 고수하였다. 인종차별철폐위원회Committee on the Elimination of Racial

Discrimination, CERD는 제17-19차 한국 정부에 대한 최종 권고에서 "난민 신청자들을 상대하는 출입국 담당 공무원 및 통역인에 대한 인권 교육을 지속 실시 및 강화할 것을 권고"하였으며(CERD 2018, para.14), 국가인권위원회도 이 사건 결정에서 난민전담공무원, 통역인, 난민심사관의 전문성과 공정성 강화를 위한 훈련과정과 평가제도를 마련하도록 법무부장관에게 권고하였다. 이 사건 이후 법무부는 난민 분야 전문인력을 채용하고, 난민전담공무원에 대한 직무교육을 운영 중이며, 연간 50시간 이상 관련 교육 이수를 의무화하였다고 밝혔는바(법무부 2021), 난민 업무 전담인력의 전문성을 위한 교육과 더불어 지속적이고 전문적인 인권교육도 수반되어야 한다. 또한 난민법에 난민전담공무원의 자격과 역할, 교육에 대한 내용을 규정할 필요가 있다.

나아가 실질적으로 난민심사를 담당하는 난민전담공무원의 난민 신청자에 대한 부정적인 시각은 정부의 내부 지침에도 기인하지만, 과도한 업무로 인한 누적된 피로에 의해 강화될 수 있다. 전 세계적으로 난민의 수가 증가하는 현상은 계속되고 있고, 국제적 책임을 다하기 위한 한국 정부의 난민보호 역시 증가할 수밖에 없는 상황에서 난민심사를 담당하는 인원의 증원은 필수적이다. 난민심사를 담당하는 공무원의 수를 충분히 확보할 필요가 있으며, 사건별로 내실 있는 심사가 이뤄지도록 제도적 뒷받침이 마련되어야 한다.

4) 난민불인정결정 사유에 대한 통번역 제공

난민 신청자가 관할 출입국외국인청으로부터 받게 되는 난민 불인정결정 통지서에 인적 사항이나 결정 결과, 간략한 사유, 구제 절차 등만 영문으로 번역되고, 난민불인정결정의 구체적인 사유에 대해서는 국문으로만 통지가 되고 있다. 원고를 포함하여 이 사건 피해자들은 한글을 전혀 모르던 상황에서 불인정결정 사유서에 기재된 내용을 파악하지 못하였고, 이로 인해 이의 신청 단계에서도 제대로 문제 제기를 하지 못하였다.

난민불인정결정 통지서에 대한 번역 미제공 부분에 대해 과거 국가인권위원회에서는 난민 신청자가 결정의 사유를 정확하게 이해하여 불복 여부를 결정하고, 권리구제 절차에 용이하게 접근할 수 있도록 난민 신청자가 이해할 수 있는 언어로 교부하는 것이 절차적 권리를 보장하기 위해 필수적이라고 보고, 통역의 경우 일회적이고 정확성 논란이 있으므로 난민 신청자가 이해할 수 있는 언어로 번역하여 문서로 제공하는 적극적이고 확실한 조치가 필요하다고 권고한 바 있다(국가인권위원회 2019. 8. 8. 자 18진정0824300 결정). 또한 CERD는 "난민불인정결정이 오직 한국어와 영어, 단 두 언어로만 통지되며 그 결정에 이의 신청하기 위한 절차에 대한 포괄적 정보가 제공되지 않는 등 난민 신청자들이 이의 신청 절차에서 어려움을 겪고 있음에 우려"를 표하면서, "난민 신청자가 난민인정심사 절차 전 과정에서 전문적이고 능력 있는 인력의 지원을 받고, 그들이 이해할 수 있는 언어로 동 과정에 대한 명확한 정보에 접근할 수 있도록 보장할 것을 권고" 하였다(CERD 2018, para. 13, 14). 그러나 법무부에서는 아직까 지 예산 부족 등을 이유로 이를 시정하고 있지 않아, 이에 대한 지속적인 문제 제기가 필요하다.

5) 난민심사에 대한 모니터링

난민법 제16조 제1항에 따라 난민 신청자는 본인이 제출한 자 료, 난민면접조서의 열람이나 복사를 요청할 수 있다. 법무부는 난민면접조서에 기재되는 난민심사관, 담당공무원, 통역인의 이 름을 삭제하여 이를 교부해 왔다. 국가인권위원회는 이 사건 결 정에서 이러한 관행이 열람 및 복사를 요청한 청구인의 알 권리 를 침해하는 행위이자 행정청의 책임 행정을 회피하는 것이라고 판단하고, 이를 시정할 것을 법무부에 권고하였다. 이후 법무부 는 난민면접조서 교부 시 난민심사관 등의 인적사항을 삭제하여 교부하는 관행에 대해서 업무지시를 통해 시정해 왔으며 민간 통 역인의 경우 개인정보 제3자 제공 동의를 받은 경우에 한해 공개 하고 있다고 밝혔다(법무부 2021). 그러나 최근 실시한 난민면접의 면접조서에서도 통역인 외에 담당공무원 및 난민심사관의 이름이 삭제되어 교부되는 면접조서가 다수 발견되는바, 이에 대한 시정 조치가 제대로 이뤄지고 있는지 의문이다. 실제 현장에서 개선이 이뤄지도록 지속적으로 모니터링을 할 필요가 있다.

난민 통역에 대한 모니터링 및 평가도 제도적으로 이뤄져야 한다. 외부 전문가에 의한 평가 제도도 도입할 필요가 있으며, 난민면접을 함께 진행한 난민 신청 당사자에 의한 피드백도 중요하게 반영되어야 할 요소이다. 법무부는 난민면접 과정에서 통역 품질을 향상시키고 전문성을 제고하기 위해, 2022년 1월부터 외부전문기관의 교육 및 평가를 거친 통역인에 한하여 난민 전문 통역인으로 인증·위촉하는 난민 전문 통역인 인증제를 시행한다고 발표하였다(법무부 2022). 법무부 보도자료에 따르면 인증제에 참가한 지원자 중 선별시험 및 교육을 실시하여 최종 인증을 하였고, 인증받은 통역인이 난민 전문 통역인으로 3년을 임기로 난민면접 통역 업무를 지원한다.

난민 사건의 경우 통역 능력에 대한 전문성 못지않게 통역인의 중립성 및 윤리성이 요구되는데, 이 사건 통역인의 경우 공무원이 제시하는 방향에 맞춰, 즉 공무원을 대변하는 입장에서 진행하였던 것이 문제되었다. 법무부에서 연구용역으로 진행한 통역인 자격 검증 및 품질 관리에 관한 연구에서도 제안한 바와 같이 "언어와 문화를 포함하여 다양한 이해관계가 복잡하게 얽히는 난민 통역 상황에서는 통역인의 올바른 윤리의식이 무엇보다도 우선 전제되어야 하기 때문에", 통역인의 윤리의식의 중요성을 간과하거나 평가 절하하여서는 안 되며, "통역인의 윤리인식 강화를 위한 교육과 함께 심사관들에게도 올바른 통역인 활용 방안을 교육"해야 할 것이다(정철자 외 2019, 108-114).

이에 더하여 난민인정 심사가 투명하고 공정한 방식으로 수행되도록 보장하기 위한 방안이 도입될 필요가 있다. 유엔난민기구는 난민인정심사를 검증하는 절차를 두는 것이 난민보호의 전제조건이라고 보면서, 체약국에서 질적으로 높은 수준의 난민심사가 유지되도록 난민심사 및 관련 절차를 검토하는 프로젝트를 진행하고 있다(UNHCR n.d.). 2004년 영국에서 'Quality Initiative Project'라는 이름으로 시작된 이래, 스웨덴, 아이슬란드 등 여러 국가에서 유사한 절차를 마련하여 현재까지 진행 중이다. 각 국가별로 세부적인 내용은 다르지만, 대체로 유엔난민기구와 협력하여 난민심사의 내용을 정기적·무작위적으로 선정하여 질적 검증을 하는 절차를 마련하여 시행하고 있다. 한국도 이와 유사하게 유엔난민기구 및 난민 관련 시민단체와 협력하여 외부 전문가가 난민심사를 정기적으로 모니터링하는 절차를 제도적으로 구축할 필요가 있다.

5. 결론

대한민국은 1992년 「난민의 지위에 관한 1951년 협약」(이하 '난민협약')과 「난민의 지위에 관한 1967년 의정서」(이하 '난민의 정서')에 가입하였고, 이후 2012년 2월 10일 난민법을 제정하여, 동아시아 최초로 독립적인 난민법을 갖춘 국가가 되었다. 난민법의 제정 이유는 한국이 "다른 선진국에 비해 난민을 충분히 받아들이고 있지 아니하여 국제 사회에서 그 책임을 다하고 있지 못하고, 난민인정 절차의 신속성, 투명성, 공정성에 대하여 국내외적으로 지속적인 문제 제기"가 있어 왔다는 지적에 따라 난민인정 절차 등을 구체적으로 규정함으로써 "「난민의 지위에 관한 협약」 등 국제법과 국내법의 조화를 꾀하고, 인권선진국으로 나아가는 초석을 다지려는 것"에 있었다(국가법령정보센터 n.d.). 2022년인 올해는 대한민국의 난민협약 가입 30주년, 난민법 제정 10주년이 되는 해이다. 그러나 위 난민법 제정 당시 지적되었던 문제점들이 법적 정비가 이루어진 후에 해소되었는지, 오히려 더욱 심화된 것은 아닌지 돌아볼 필요가 있다.

다수의 아랍어권 난민 신청자에게 행해진 이 사건은 한국의 난민심사 절차에 대한 신뢰의 근간을 송두리째 흔드는 계기가 되었다. 우리 난민인정 절차의 신뢰를 회복하고 난민법의 취지를 정확히 구현하기 위해서는 결국 가장 기본적인 가치인 공정성, 정확성, 객관성에 기반한 난민보호가 선행되어야 한다. 정부는 여전히 난민신청자가 난민제도를 악용하는 상황을 우려하며 난민법 개정의 움직임을 보이고 있으나(의안정보시스템 n.d.)[8], 신속한 난민인정 절차를 마련하기 위한 전제조건은 신뢰할 만한 난민심사제도의 구현에 있다. 대상판결은 신속성만을 강조해 오던 정부의 난민심사 정책 방향을 재검토할 수 있는 반성적 계기가 되었다. 허위난민면접조서 사건을 다시 되짚어 본 이번 논의를 통해 난민인정 절차의 신뢰를 회복하고 난민법의 취지를 정확히 구현하기 위한 정부의 노력이 이어지길 기대한다.

주석

1   허위난민면접조서 사건 관련 시민사회의 대응에 대한 자세한 내용은
    김연주(2020), 「난민면접 조작(허위작성) 사건'을 통해 확인한 한국 난
    민심사 제도운영의 문제점과 사건 문제제기 과정의 기록」, 『공익과 인
    권』 20, 225-266 참조.

2   국가인권위원회에 제기한 진정 취지는 (1) 피해자들에 대한 정신적 및
    실질적 손해를 보상하고, 난민심사가 다시 제대로 이루어질 수 있도록
    신속한 구제책을 마련할 것, (2) 공무원에 대해 그에 상응하는 징계 등
    을 책임을 물을 것, (3) 현재까지의 전수조사 진행 내역을 공개하고, 향
    후 유사한 피해 사례가 있는지 철저히 조사할 것, (4) 재발 방지를 위해
    난민면접 절차를 개선할 것 등이었다. 진정서 내용은 난민인권센터 홈
    페이지에서 확인 가능하다. 난민인권센터(2020), 「법무부 난민면접조
    서 조작사건 자료집」, 27-48.

3   유엔난민기구가 발간한 「난민지위의 인정기준 및 절차 편람과 지침」
    에 따르면 난민 신청자는 "유능한 통역서비스를 비롯하여 관계 기관
    에 자신의 주장을 제기하는 데 필요한 편의를 제공받아야" 하며[192
    항 (iv)], 심사관은 "신청인이 자신의 사건을 설명하면서 자신의 의견
    과 감정을 충분히 설명할 수 있도록 그의 신뢰를 얻어야" 하고(200항),
    "심사관이 사안의 사실관계에 관해 내린 결론 및 신청인에게 받은 주
    관적 인상 등이 신청인의 삶에 중대한 영향을 미치는 결정으로 이어지
    므로, 심사관은 이들 법적 기준을 적용함에 있어 정의 관념 및 이해의

정신을 바탕으로 하여야 한다. 또한 신청인이 보호를 받을 가치가 없는 경우라는 심사관의 개인적 판단이 의사결정에 영향을 미치지 않도록 주의해야 한다"(202항)고 명시하고 있다.

4   언론취재에 의해 밝혀진 법무부의 「난민심사 적체 해소 방안」 문건에 따르면, 당시 법무부는 신속심사 대상자를 확대 적용하고, 그 대상자에 대한 사실조사를 생략하도록 지시하였다. 구체적인 신속심사 대상자 유형으로는 ① 거짓 서류 및 거짓 진술자, ② 남용적 재신청자, ③ 1년 이상 체류 후 체류기간 만료 임박 신청자, ④ 강제퇴거 집행 지연 목적 신청자, ⑤ 토지분쟁 등 사인간의 박해에 의한 것으로 협약상 사유가 아닌 신청, ⑥ 족장 승계·컬트, ⑦ 본국에서의 비정치적 중범죄자가 제시되었다(박상준, 2019).

5   난민법 제8조 제5항 심사 절차의 일부 생략과 관련한 비판적 검토는 임현, 「난민법에 대한 평가와 과제」, 『법제』(2014.04.); 김종철, 「난민법 제정의 의미와 향후 과제」, 『월간 복지동향』(2012.02.); 이혜영 외, 「난민인정과 재판절차의 개선방안」, 『사법정책연구원』(2017-10); 이상현, 「행정청 단계의 난민인정심사제도 개정방향과 절차적 정당성: 신속심사제도를 중심으로」, 『난민법 개정방향에 관한 심포지엄 자료집』(2019.11.21.); 송영훈, 「난민법 개정의 쟁점과 해외 입법 사례」(난민법 시행 3주년 기념 학술포럼), 법무부·유엔난민기구(2016.06.23. 발표) 등 참조.

6   법무부장관은 지방출입국, 외국인관서에서 면접과 사실 조사 등을 전담하는 난민심사관을 두도록 규정하고 있는데(난민법 제8조 제4항), 난민심사관의 자격은 출입국관리 업무에 종사하는 5급 이상의 공무원

으로서 난민 관련 업무에 2년 이상 종사하였거나, 법무부장관이 정하는 난민심사관 교육과정을 마쳐야 한다(난민법 시행령 제6조).

7   해당 판결은 대법원 2019. 7. 25. 선고 2019두38649 판결을 통해 확정되었다.

8   2021. 12. 17. 정부 발의안으로 국회에 제출된 난민법 일부개정법률안(의안번호: 13939)은 "난민에 해당하지 아니한다는 결정을 받은 사람 등이 난민인정 심사를 다시 신청하는 경우에는 난민인정 재심사의 적격 여부에 대한 심사를 먼저 받도록" 하고, "난민인정 재심사 적격심사 결과 난민불인정결정 등의 이유가 된 사정에 중대한 변경이 없는 경우에는 부적격 결정을 하도록" 하는 내용을 포함하고 있다. 해당 부분 제정 이유에 대해서는 "난민심사 제도가 체류 연장 수단으로 악용되는 것을 방지하기 위하여" 현행 제도의 운영에 나타난 미비점을 개선·보완하려는 것이라고 밝히고 있다.

참고자료

국가법령정보센터(n.d.), "난민법." https://www.law.go.kr/LSW/lsInfoP.do?lsiSeq=122977#0000 (검색: 2022.07.05.).

김연주(2020),「'난민면접 조작(허위작성) 사건'을 통해 확인한 한국 난민심사 제도운영의 문제점과 사건 문제제기 과정의 기록」,『공익과 인권』 20, 225-266.

난민인권센터(2019),「법무부 난민면접 조작사건 피해자 증언대회 자료집」. https://nancen.org/1948 (검색: 2022.07.05.).

_____ (2020),「법무부 난민면접조서 조작사건 보고서」. https://nancen.org/2086 (검색: 2022.07.05.).

박상준,「[단독] "공익법무관이 난민 면접" 위법 앞장선 법무부… 사실조사도 생략」,『동아일보』(2019.08.07.).

법무부,「난민신청자에 누명 씌우고 추방 위협까지」, 법무부 설명자료(2018.09.06.).

_____,「단식농성 이집트 난민 2명, 쇼크, 의식불명으로 응급실 실려가」, 법무부 설명자료(2018.09.06.).

_____ (2021),「난민면접조작사건 관련 정보공개청구」접수번호 8475364 회신 자료.

_____,「마음까지 통역해 드리겠습니다 - 난민전문통역인 인증제

시행」, 법무부 보도자료(2022.01.19.).

의안정보시스템, 「[의안번호 2113939] 난민법 일부개정법률안(정부)」
(2021.12.17.).

이상현(2019), 「행정청 단계의 난민인정심사제도 개정방향과 절차적
정당성」, 『난민법 개정방향에 관한 심포지엄 자료집』, 대한변
호사협회, 57-72.

이재호, 「[단독] '난민면접 조작' 피해자 수천 명 재심 기회 얻었다」, 『한
겨레』(2020.04.21.).

이탁건(2019), 「'행정청 단계의 난민인정심사제도 개정방향과 절차적
정당성' 토론문」, 『난민법 개정방향에 관한 심포지엄 자료집』,
대한변호사협회, 75-79.

정철자 외(2019), 『난민전문통역인 자격검증 및 난민통역 품질관리 방
안 연구』, 한국외국어대학교 연구산학협력단, 법무부.

조효석, 「[단독] 줄잇는 난민 신청자 엉터리 통역에 눈물… 드러난 난
민심사 허점」, 『국민일보』(18.07.09.).

CERD(2018), 「대한민국 제17-19차 국가보고서에 대한 최종견해」
(CERD/C/KOR/17-19).

UNHCR(2014), 『난민 지위의 인정기준 및 절차 편람과 지침』(한글
판).

_____ (n.d.), "Quality Assurance." https://www.refworld.org/
qualityassurance.html (search: 2022.07.05.).

국가인권위원회, 2019. 8. 8. 자 18진정0824300 결정.

_____, 2020. 9. 10. 자 18진정0572400 결정.

서울중앙지방법원, 2021. 12. 3. 선고 2018가단5200580 판결.

서울행정법원, 2017. 10. 12. 선고 2017구단4294 판결.

서울고등법원, 2018. 6. 27. 선고 2017누47245 판결.

_____, 2019. 3. 20. 선고 2018누71801 판결.

대법원, 2015. 6. 11. 선고 2013다208388 판결.

_____, 2019. 7. 25. 선고 2019두38649 판결.

INDEX

저자 소개

백승훈

한국외국어대학교 중동연구소 전임연구원 및 동 대학 융합인 재학부 객원강의교수이다. 영국 더럼대학교에서 국제관계학 박 사 학위를 취득하고 현재 국립외교원 협력교수 및 국가정보원 중 동 자문위원으로 활동 중이다. 주요 연구 분야는 중동 지역 안보, 핵비확산, 외교 정책 및 국제관계이다.

이효분

한국외국어대학교 중동연구소 초빙연구원 및 인천대학교 강 사이다. 한국외국어대학교 국제지역대학원에서 국제지역학 박 사 학위(중동정치 전공)를 취득했고, 국방대학교 전문교수, 한국 외국어대학교 강사를 역임했다. 주요 연구 분야는 중동정치이 고, 세부 지역 연구는 이라크와 걸프 지역 국가들이며 그 밖에도 분쟁, 안보, 난민 관련 연구에 관심을 가지고 있다.

황의현

서울대학교 아시아연구소 서아시아센터 선임연구원 및 단국

대학교 외국어대학 중동학전공 강사이다. 한국외국어대학교 아랍어과를 졸업하고 동 대학교 국제지역대학원에서 중동지역학 석사 및 박사 학위를 취득했으며, 중동 종파갈등, 종파관계, 역사적 기억 문제에 관심을 가지고 연구하고 있다.

오승진

단국대학교 법과대학 교수이다. 서울대학교 법과대학에서 학사 학위를 취득 후 변호사(사법연수원 18기)로 활동하다가, 미국 코넬대학교 로스쿨에서 석사 및 박사 학위를 취득하였다. 주요 연구 분야는 국제법, 국제인권법, 난민법, 국제분쟁해결 등이다.

조정현

한국외국어대학교 법학전문대학원의 국제법 전담 교수이다. 영국 에딘버러대학교에서 법학박사 학위를 취득하고, 통일연구원 연구위원 및 국립외교원 교수를 역임했다. 주요 연구 분야는 국제공법, 인권/난민법, 남북관계법으로, 통일부, 법무부 및 국가정보원 등에 자문위원으로 활동하고 있다.

권영실

재단법인 동천에서 상근 변호사로 활동하고 있다. 재단법인 동천은 난민, 이주외국인, 사회적 경제, 장애인, 탈북민, 여성/청

소년, 복지 분야에서 사회적 약자 및 소수자를 위해 활동하는 공익법률재단으로, 저자는 주로 난민과 이주민 분야에서 법률지원, 제도개선 및 입법지원활동에 힘쓰고 있다.